Dr. Katja Doubek / Cornelia Grüter / Anja Wesner

Deutsch
Visuelles Fachwörterbuch Hotelfach

Buch mit Audios online

Hueber Verlag

Den kostenlosen MP3-Download zu diesem Titel finden Sie unter www.hueber.de/audioservice.

Der Verlag und die Autoren bedanken sich bei RA Sandra Warden, Deutscher Hotel- und Gaststättenverband e.V. (DEHOGA), bei Michael Kahlmeier, Ritz Carlton, Berlin, sowie bei Abas Ahmed Salih und Henri Henrich.

Ausführliche Informationen zum Bereich „Küche" enthält das visuelle Fachwörterbuch „Koch/Köchin", ISBN 978–3–19–057480–3

3. 2. 1. | Die letzten Ziffern
2025 24 23 22 21 | bezeichnen Zahl und Jahr des Druckes.
Alle Drucke dieser Auflage können, da unverändert, nebeneinander benutzt werden.
1. Auflage

Umschlaggestaltung: Sieveking · Agentur für Kommunikation, München
Layout und Satz: Memminger MedienCentrum AG, Memmingen
Verlagsredaktion: Elisa Klüber, Hueber Verlag, München und Susanne Billes, Egling
Druck und Bindung: Friedrich Pustet GmbH & Co. KG, Regensburg
Printed in Germany
ISBN 978–3–19–067480–0

Art. 530_26719_001_01

Inhalt

Das *Visuelle Fachwörterbuch Hotelfach* ist Teil einer neu entwickelten Reihe von Titeln, die speziell für Auszubildende konzipiert wurde.

Studien belegen: Mehr als die Hälfte der Auszubildenden in Deutschland beendet ihre Lehre vorzeitig und ohne Abschluss. Häufigste Ursachen sind mangelndes Verständnis der Fachsprache sowie unzureichende Deutschkenntnisse.

Genau an diesem Punkt setzen die *Visuellen Fachwörterbücher* an. Sie erklären das branchenspezifische Fachvokabular in einfachen Worten und mit ansprechenden Bildern. Gleichzeitig vermitteln sie Informationen zur deutschen Sprache.

Im Hauptteil des Fachwörterbuches werden prüfungsrelevante und praxisnahe Fachbegriffe aus dem umfassenden Bereich *Hotelfach* bebildert und erklärt. Fotos und Illustrationen zeigen Arbeitsmaterialien, erklären Techniken und verdeutlichen Abläufe. Die übersichtliche Aufteilung in thematisch gebündelte Kapitel dient der schnellen inhaltlichen Orientierung.

Im hinteren Teil des Fachwörterbuchs befinden sich eine alphabetische Liste aller Abkürzungen sowie ein alphabetisch angelegtes Glossar aller Stichwörter und Synonyme. Mit ihrer Hilfe sind alle enthaltenen Abkürzungen und Fachbegriffe schnell aufzufinden.

Die einfachen und klaren Definitionen der Fachausdrücke sind auf Basis des B1-Wortschatzes des Gemeinsamen Europäischen Referenzrahmens formuliert. So sind sie auch für Auszubildende mit Migrationshintergrund sehr gut zu erfassen. Fachbegriffe von A wie Abfallverwertung bis Z wie Zwischensumme sind durch die überzeugende Kombination von Wort und Bild leicht zu verstehen.

Alle Stichwörter wurden vertont und auf www.hueber.de/audioservice/ als kostenloser MP3-Download bereitgestellt. Dies unterstützt Deutschlernende bei der korrekten Aussprache.

Maßgebliche Kriterien für die Auswahl der Stichwörter sind der aktuell gültige Rahmenlehrplan, das bundesweit verbindliche Lehrmaterial sowie eine enge Absprache mit Fachleuten und Profis aus Theorie und Praxis.

Ein besonderer Dank gilt an dieser Stelle Abas Ahmed Salih und Henri Henrich für Textkontrolle und Informationen, RA Sandra Warden, Deutscher Hotel- und Gaststättenverband e.V. (DEHOGA), sowie Michael Kahlmeier, Ritz Carlton, Berlin.

Ausführliche Informationen zum Bereich „Küche" enthält das visuelle Fachwörterbuch „Koch/Köchin" (ISBN 978–3–19–057480–3).

Nomeneinträge

Artikel des Nomens

das Trockenprodukt 1

Tro·cken·pro·dukt <-e>

ein Lebensmittel, aus dem das Wasser durch Trocknen gezogen wurde, damit es länger haltbar ist; z. B. getrocknetes Obst

08.015

Nummerierung bei mehreren Bedeutungen

mögliche Worttrennungen

Definition in einfacher und klarer Sprache

Pluralform: Hinter den möglichen Worttrennungen wird der Plural des Stichwortes angegeben. Hier lautet der Plural „Trockenprodukte".

Adjektiv-Nomen-Kombinationen

fachkompetente Beratung

fach·kom·pe·ten·te Be·ra·tung

hier: eine Beratung des Gastes, bei der das Personal zeigt, dass es sich in allen Bereichen des Betriebes auskennt, z. B. bei den Speisen, bei den Getränken und im Service

14.014

Bei Adjektiv-Nomen-Kombinationen können Sie den Artikel vom Adjektiv ableiten: -er → der, -e → die und -es → das.

Wenn ein Begriff mehrere Bedeutungen hat, wird die für das Thema „Hotelfach" relevante Bedeutung mit „hier" hervorgehoben.

Audiotrack: Unter www.hueber.de/audioservice steht ein kostenloser Download zur Verfügung. Wenn Sie nach dieser Nummer suchen, können Sie sich das Stichwort anhören.

Verbeinträge

abwällen
ab·wäl·len
<wällt ab, wällte ab, hat abgewällt>
Lebensmittel, meist Gemüse, sehr kurz in kochendes Wasser legen
auch blanchieren
09.024

Bei Verbeinträgen wird die dritte Person Singular im Präsens, Präteritum und Perfekt angegeben.

Nach *auch* folgen andere Bezeichnungen, die anstelle des Stichworts verwendet werden können (Synonyme).

Definitionen mit Verweis

das Familienzimmer
Fa·mi·li·en·zim·mer <-> *kurz* FZ
ein Zimmer für mehrere Personen, in das ein weiteres Bett (**Zustellbett**) gestellt wird
01.050

Nach *kurz* folgt die kurze Form des Stichwortes. Nach *lang* folgt die lange Form. Als Stichwort wird die häufiger verwendete Form aufgeführt.

Begriffe, die einen eigenen Eintrag im Fachwörterbuch haben, sind in der Definition fett gedruckt. Sie können sie im alphabetischen Glossar hinten im Buch finden.

der **Beherbergungsbetrieb**

Be·her·ber·gungs·be·trieb <-e>

ein Betrieb, in dem Zimmer oder Plätze zum Übernachten vermietet werden

01.001

das All-Suite-Hotel

All-Suite-Ho·tel <-s>

ein Hotel, in dem Übernachtungen in **Suiten** (Kombinationen aus Schlafzimmer, Wohnzimmer und Bad) angeboten werden

01.002

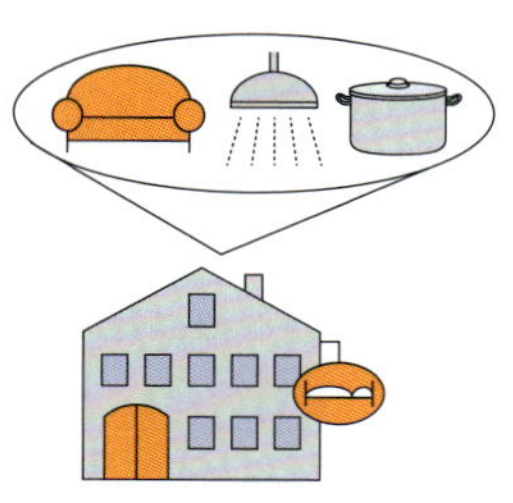

das Aparthotel

Apart·ho·tel <-s> *lang* Apartmenthotel

ein Hotel, in dem die Zimmer wie Apartments sind, z. B. mit einer kleinen Küche

01.003

der Bauernhof

Bau·ern·hof <Bauernhöfe>

hier: ein landwirtschaftlicher Betrieb, in dem ein Teil des Hauses oder einzelne Zimmer an Gäste vermietet werden

01.004

das Boarding-House

Boar·ding-House <-s>

ein Hotel, in dem Gäste nur übernachten oder für längere Zeit wohnen können; meist in der Umgebung einer Stadt

auch Serviced Apartment

01.005

das Business-Hotel

Bu·si·ness-Ho·tel <-s>

ein Hotel, in dem meistens Geschäftsleute wohnen, die zum Arbeiten in die Stadt kommen

auch Geschäftshotel

01.006

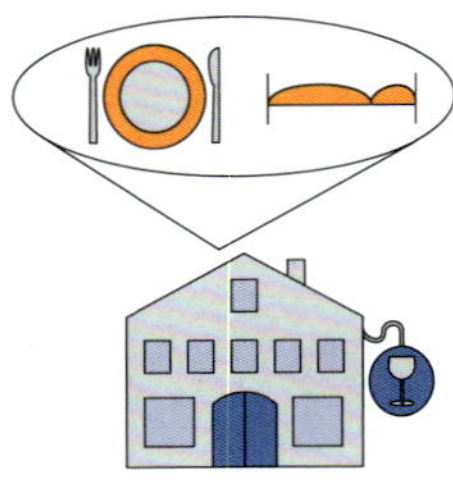

der **Gasthof**
Gast·hof <Gasthöfe>
ein **Gastronomie**betrieb, in dem es Speisen und Getränke gibt und in dem man oft auch übernachten kann; ähnlich wie in einer **Pension** und meist auf dem Land
auch Gasthaus
01.007

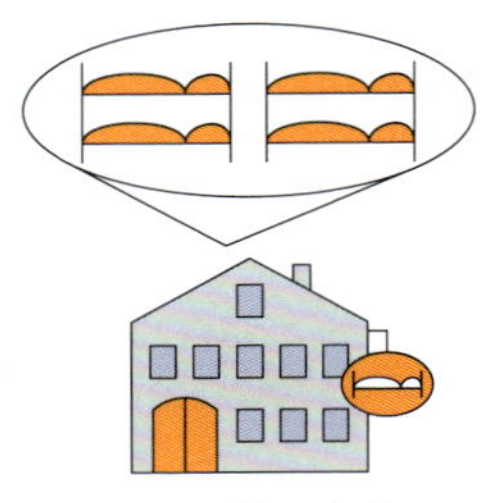

das **Hostel**
Hos·tel <-s>
eine Art Hotel, in dem meist keine kleinen, einzelnen Zimmer, sondern große Räume mit mehreren Betten angeboten werden
01.008

das **Hotel**
Ho·tel <-s>
ein Betrieb mit mindestens 20 Zimmern für Gäste, mit Rezeption und Restaurant
01.009

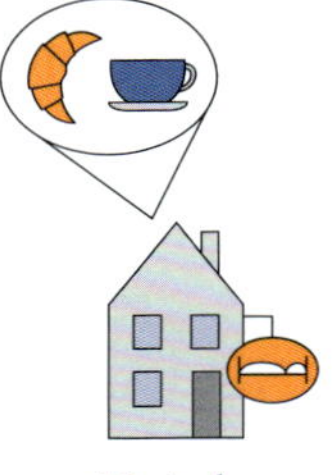

das **Hotel garni**
Ho·tel gar·ni <Hotels garnis>
ein Betrieb, in dem Gäste übernachten können; es gibt Frühstück, aber ohne warme Mahlzeiten und ohne Restaurant
01.010

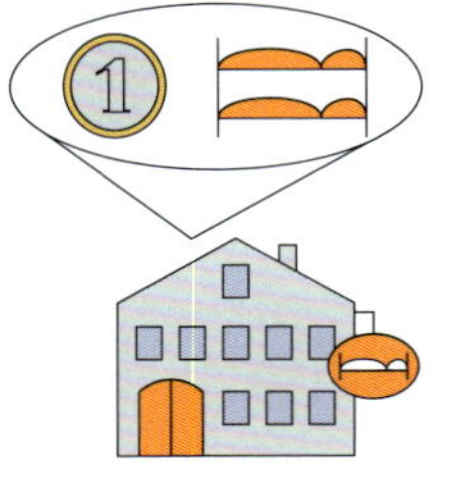

die **Jugendherberge**
Ju·gend·her·ber·ge <-n>
ein Betrieb, in dem Gäste in großen Zimmern mit mehreren Betten preiswert übernachten können; hauptsächlich für junge Leute
01.011

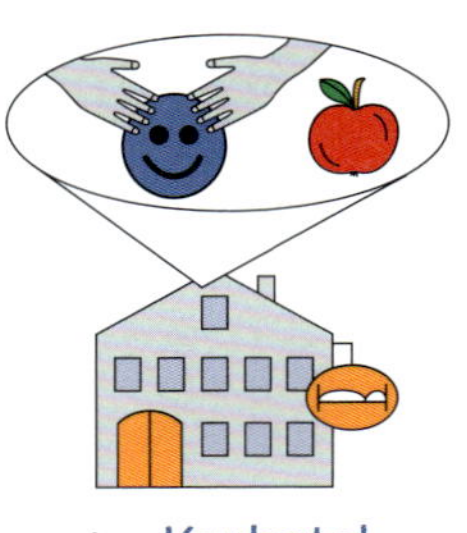

das **Kurhotel**
Kur·ho·tel <-s>
ein Hotel, in dem es besondere Angebote für die Gesundheit der Gäste gibt
01.012

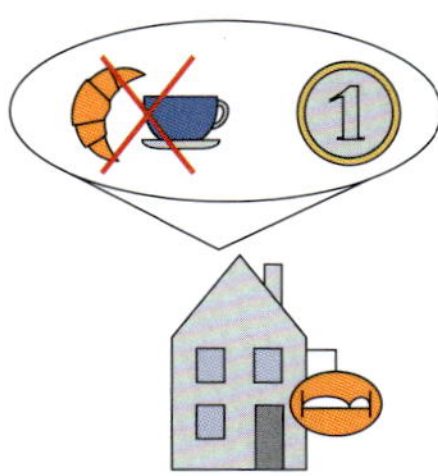

das **Low-Budget-Hotel**
Low-Bud·get-Ho·tel <-s>
ein Hotel mit wenig Service und billigen Möbeln; die Zimmer sind nicht teuer
01.013

das **Luxushotel**
Lu·xus·ho·tel <-s>
ein sehr teures Hotel mit Schwimmbad und ausgezeichnetem Service; die Zimmer sind meist groß und haben eine besondere Einrichtung
auch First-Class-Hotel, Upscale-Hotel
01.014

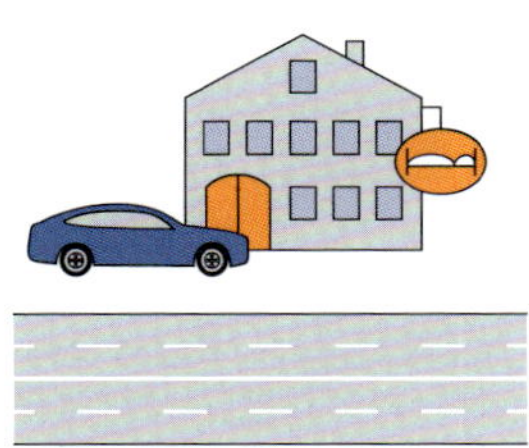

das **Motel**
Mo·tel <-s>
eine Unterkunft, die sich meist an großen Straßen oder Autobahnen befindet; es gibt Parkplätze oder Garagen, 24 Stunden geöffnet
01.015

die **Pension**
Pen·si·on <-en>
ein kleiner oft privater Betrieb mit Zimmern zum Übernachten; der Service ist gering, Frühstück gibt es nicht immer
01.016

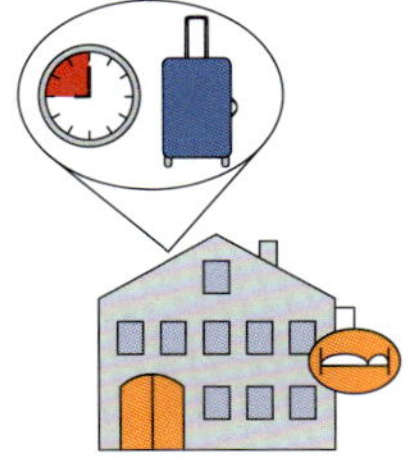

das **Stundenhotel** 1
Stun·den·ho·tel <-s>
ein Hotel, in dem die Zimmer auch für kurze Aufenthalte vermietet werden; z. B. am Flughafen; hier können Gäste auf langen Reisen eine Pause machen
auch Kapselhotel
01.017

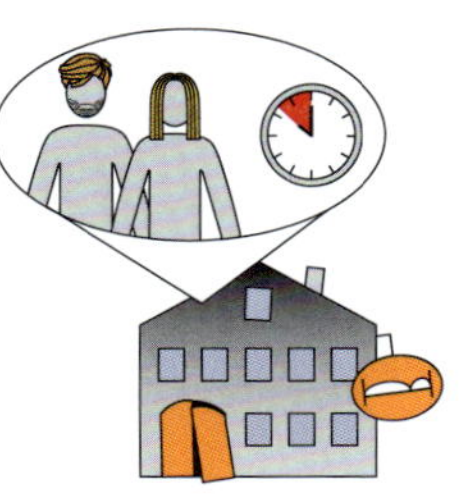

das **Stundenhotel** 2
Stun·den·ho·tel <-s>
ein Hotel, das nicht sehr sauber ist und kaum Service hat; meist mieten Paare die Zimmer für wenige Stunden
auch Love Hotel
01.018

Hotelklassifizierung

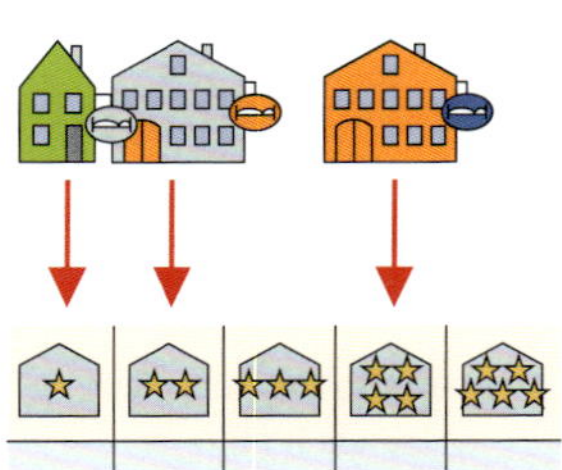

die **Hotelklassifizierung**
Ho·tel·klas·si·fi·zie·rung <-en>
die Ordnung von Hotels in Gruppen (**Kategorien**); die Qualität eines Hotels erkennt man an der Zahl der Sterne, die es hat
01.019

die **Kategorie**
Ka·te·go·rie <-n>
hier: eine Gruppe, in der mehrere Hotels wegen ihrer Qualität und ihres Services zusammengefasst werden
01.020

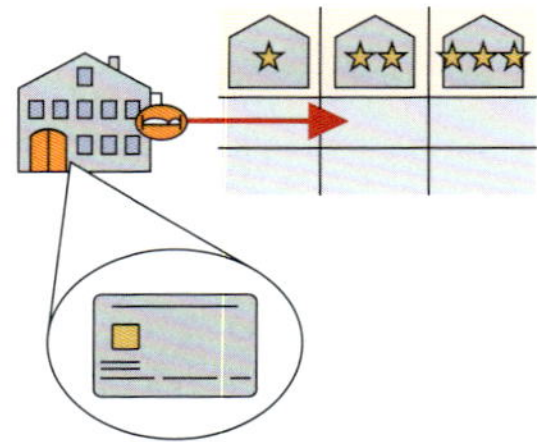

das **Kriterium**
Kri·te·ri·um <Kriterien>
hier: etwas Besonderes oder eine Qualität, die ein Hotel haben muss, damit es zu einer bestimmten **Kategorie** gehören kann, z. B. mit Kreditkarte bezahlen zu können
01.021

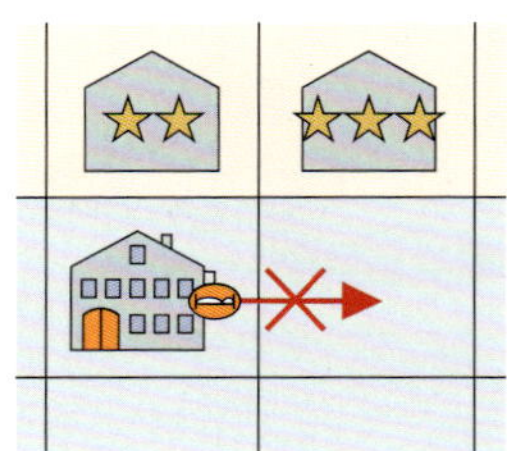

superior
su·pe·ri·or
hier: so ist ein Hotel oder ein Hotelzimmer, das die höchsten Qualitäten in seiner **Kategorie** hat, aber nicht gut genug für die nächste **Kategorie** ist
01.022

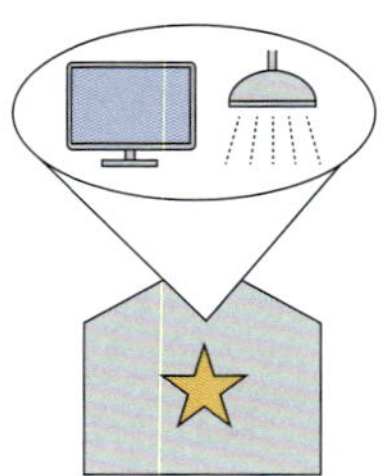

das **Einsternehotel**
Ein·ster·ne·ho·tel <-s>
ein einfaches Hotel, das in jedem Zimmer z. B. einen Fernseher und ein kleines Bad haben muss
01.023

das **Zweisternehotel**
Zwei·ster·ne·ho·tel <-s>
ein einfaches Hotel, in dem der Gast im Bad z. B. Handtücher, Zahnbürste und Zahncreme findet und die Rechnung mit Kreditkarte bezahlen kann
01.024

das Dreisternehotel
Drei·ster·ne·ho·tel <-s>
ein Hotel, in dem an der Rezeption 14 Stunden ein Mitarbeiter ist und es Service für das Gepäck gibt
01.025

das Viersternehotel
Vier·ster·ne·ho·tel <-s>
ein Hotel, in dem es ein Restaurant und eine Bar geben muss; an der Rezeption ist 18 Stunden jemand zu sprechen
01.026

das Fünfsternehotel
Fünf·ster·ne·ho·tel <-s>
ein Hotel, in dem die Mitarbeiter der Rezeption 24 Stunden erreichbar sind und mehrere Sprachen sprechen können; in den Zimmern sollen z. B. Gebäck und Blumen stehen
01.027

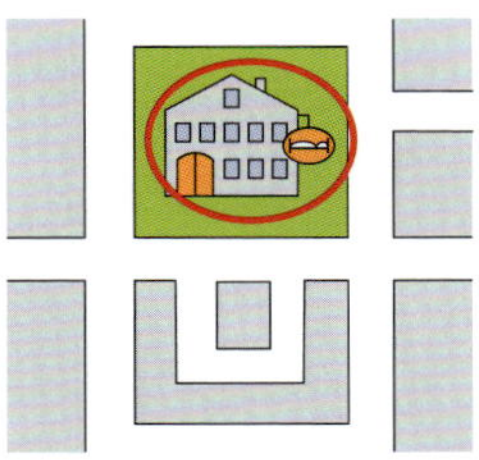

die Hotellage
Ho·tel·la·ge <-n>
die Gegend, in der sich das Hotel befindet; z. B. in einem Park, am Meer oder in der Nähe eines Bahnhofs
01.028

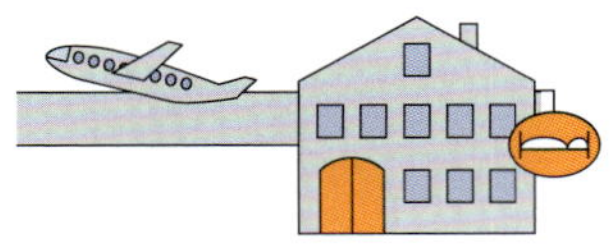

das Flughafenhotel
Flug·ha·fen·ho·tel <-s>
ein Hotel in der Nähe des Flughafens; meist mit mindestens 50 Zimmern und gutem bis sehr gutem Service
01.029

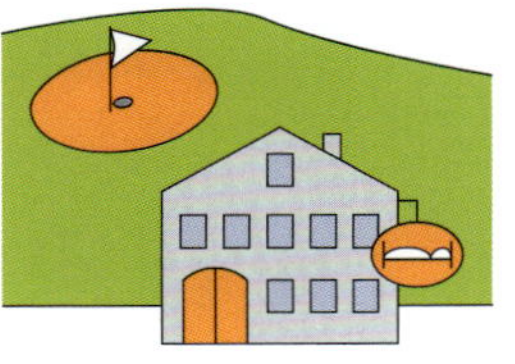

das Golfhotel
Golf·ho·tel <-s>
ein Hotel, das sich ganz in der Nähe eines Golfplatzes befindet
01.030

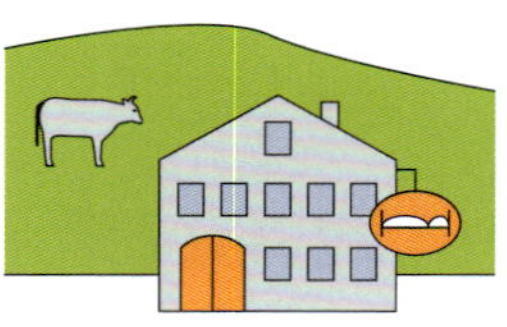

das Landhotel
Land·ho·tel <-s>
ein Hotel, das bis zu 50 Kilometer außerhalb einer größeren Stadt ist; Firmen machen dort Konferenzen für mehrere Tage, Gruppen und Familien feiern Feste
01.031

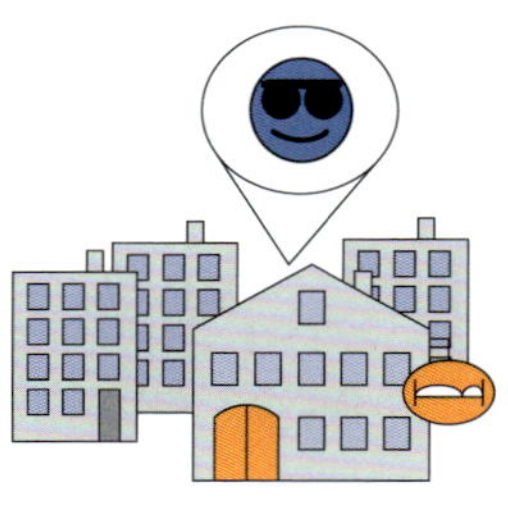

das Lifestyle-Hotel
Life·style-Ho·tel <-s>
ein Hotel, das meist in einer Stadt ist; es soll die typische Atmosphäre der Stadt zeigen, hat moderne Möbel und einen anderen Stil als traditionelle Hotels
01.032

das Maiensässhotel
Mai·en·säss·ho·tel <-s>
ein Hotel, das sich in einer Höhe von 1200 bis 1600 Metern im Wald auf einer Fläche ohne Bäume befindet
01.033

das Stadthotel
Stadt·ho·tel <-s>
ein Hotel, das sich im Zentrum oder in der Nähe des Zentrums einer Stadt befindet
01.034

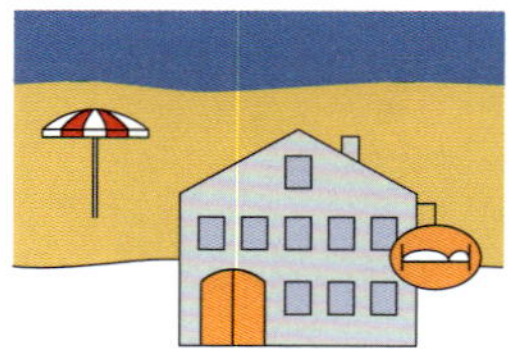

das Strandhotel
Strand·ho·tel <-s>
ein Hotel, das direkt am Meer liegt
01.035

das Wintersporthotel
Win·ter·sport·ho·tel <-s>
ein Hotel, das sich in einem Gebiet mit viel Schnee befindet, in dem die Gäste z. B. Ski fahren können
01.036

Hotelkonzept

das **Hotelkonzept**
Ho·tel·kon·zept <-e>
die Idee und der Plan, nach denen ein Hotel gebaut und geführt wird; auf der Grundlage von dieser Idee wird entschieden, für welche Gäste das Hotel ist
01.037

das **Einzelhotel**
Ein·zel·ho·tel <-s>
ein Hotel, das einer einzelnen Person oder einer Familie gehört
auch Privathotel
01.038

das **Franchise-Hotel**
Fran·chise-Ho·tel <-s>
ein Hotel, das zu einer Gruppe gehört; alle Hotels dieser Gruppe werden nach denselben Regeln und Vorschriften geführt und sehen innen sehr ähnlich aus
01.039

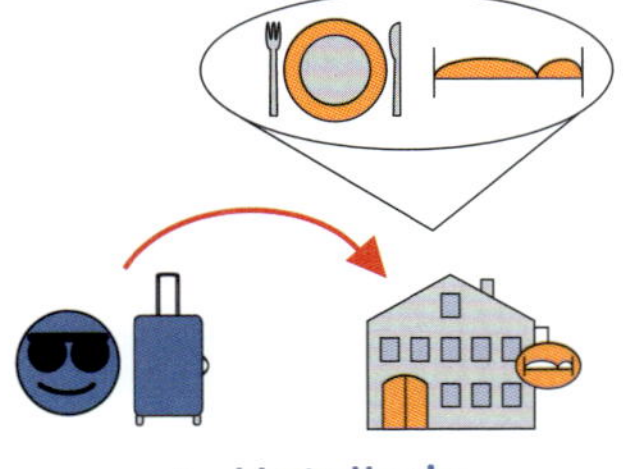

die **Hotellerie**
Ho·tel·le·rie *kein Plural*
der Teil des Tourismus, in dem Gästen in Hotels und ähnlichen Betrieben Unterkunft und Essen angeboten wird
01.040

die **Individualhotellerie**
In·di·vi·du·al·ho·tel·le·rie *kein Plural*
die Hotels und Betriebe gehören einzelnen Personen oder Familien
01.041

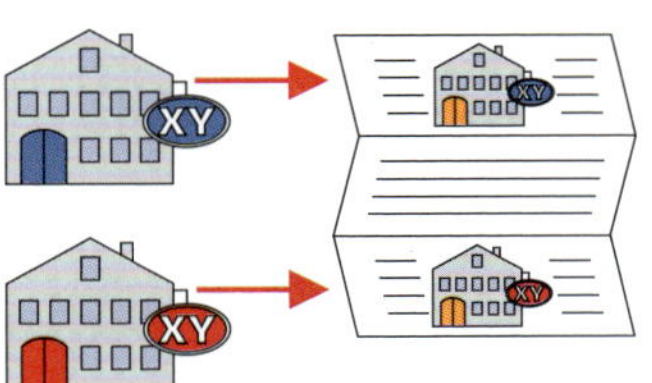

die **Kooperationshotellerie**
Ko·ope·ra·ti·ons·ho·tel·le·rie *kein Plural*
einzelne Hotels einer Art, z. B. Geschäftshotels, machen gemeinsam Werbung, verdienen aber ihr Geld einzeln
01.042

die **Markenhotellerie**
Mar·ken·ho·tel·le·rie *kein Plural*
die Unternehmen müssen mindestens zwei Hotels besitzen, eines davon muss sich in Deutschland befinden
auch Kettenhotellerie
01.043

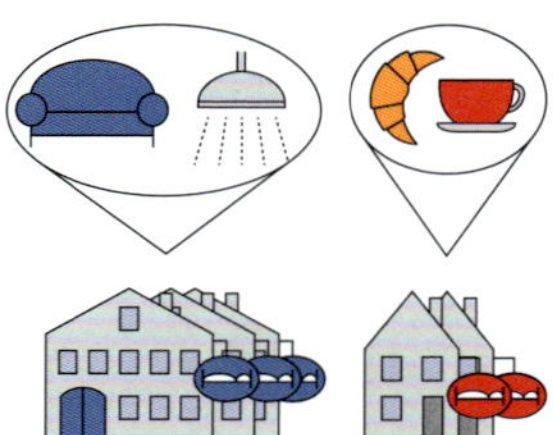

die **Systemhotellerie**
Sys·tem·ho·tel·le·rie *kein Plural*
die Hotels sind in Gruppen organisiert; Name, Angebot, Service und Einrichtung sind innerhalb einer Gruppe immer gleich
01.044

Hotelzimmer

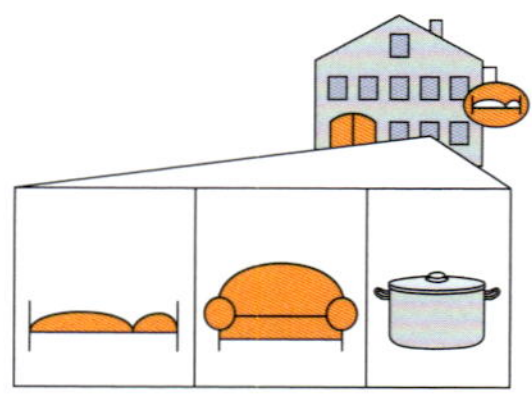

das **Apartment**
Apart·ment <-s> *kurz* AP
hier: ein Zimmer, das aus Wohn- und Schlafzimmer und einer Möglichkeit zu kochen besteht
01.045

das **Chambre de Hotel**
Cham·bre de Ho·tel <Chambres de Hotel>
ein Hotelzimmer mit besonderer Einrichtung und sehr gutem Service; gibt es nur in Hotels mit vier und mehr Sternen
01.046

das **Doppelzimmer**
Dop·pel·zim·mer <-> *kurz* DZ
ein Hotelzimmer, in dem zwei Personen in einem breiten Bett (Doppelbett) oder zwei dicht zusammenstehenden Betten schlafen können
01.047

das **Einzelzimmer**
Ein·zel·zim·mer <-> *kurz* EZ
ein Hotelzimmer mit einem Bett für eine Person
01.048

der **Executive Floor**

Exe·cu·tive Floor <-s>

eine ganze Etage in einem Hotel, die von einer Familie oder einer Gruppe gemietet werden kann; oft gibt es eine eigene Rezeption

01.049

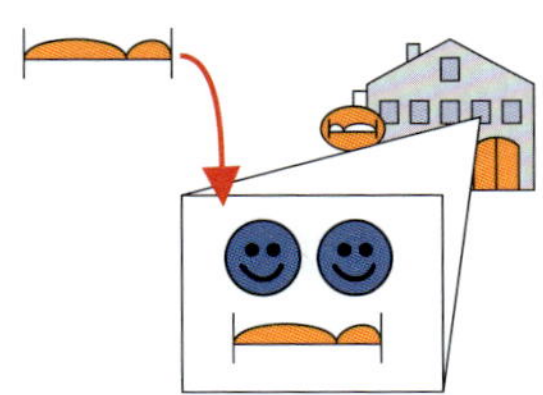

das **Familienzimmer**

Fa·mi·li·en·zim·mer <-> *kurz* FZ

ein Zimmer für mehrere Personen, in das ein weiteres Bett (**Zustellbett**) gestellt wird

01.050

die **Juniorsuite**

Ju·ni·or·suite <-n>

ein Hotelzimmer mit Platz für eine Gruppe von Sesseln und einen kleinen Tisch

01.051

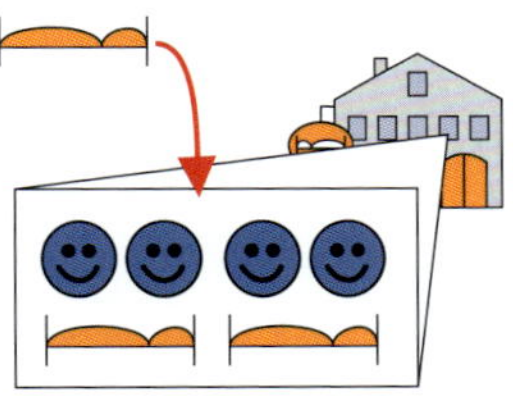

das **Mehrbettzimmer**

Mehr·bett·zim·mer <-> *kurz* MZ

ein Hotelzimmer für drei oder mehr Personen; bei Bedarf kann ein weiteres Bett (**Raumsparbett**) bestellt werden

01.052

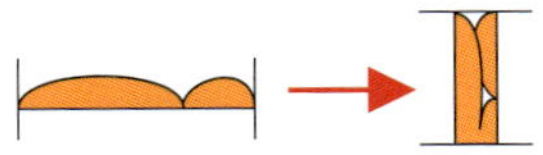

das **Raumsparbett**

Raum·spar·bett <-en>

ein Bett, das sehr wenig Platz benötigt, wenn es zusammengelegt ist

01.053

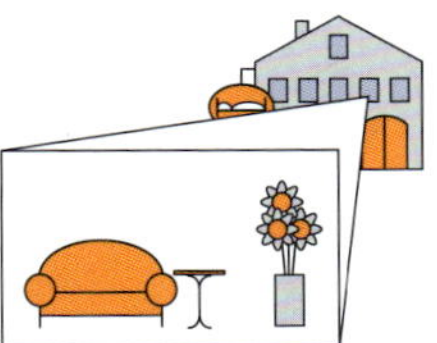

das **Salonzimmer**

Sa·lon·zim·mer <->

ein großes Zimmer mit besonderer Einrichtung und Dekoration

01.054

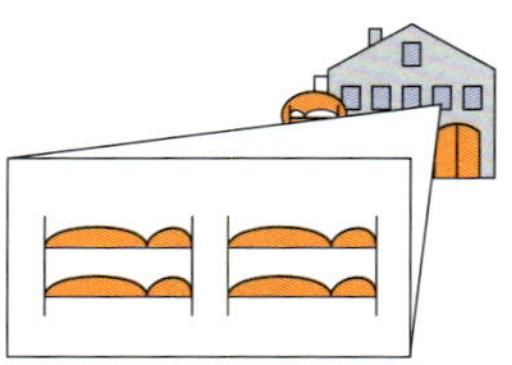

der **Schlafsaal**
Schlaf·saal <Schlafsäle>
ein großes Zimmer mit vielen Betten, meist in **Jugendherbergen** und **Hostels**
01.055

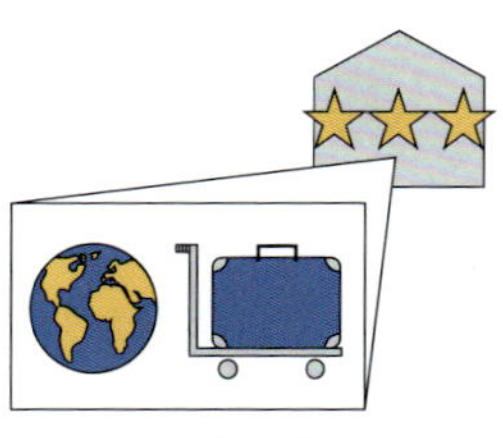

das **Standardzimmer**
Stan·dard·zim·mer <->
ein Hotelzimmer, in dem sich die Dinge befinden, die jeweils für die Sterne des Hotels Vorschrift sind, z. B. ein Fernseher in einem **Zweisternehotel**
01.056

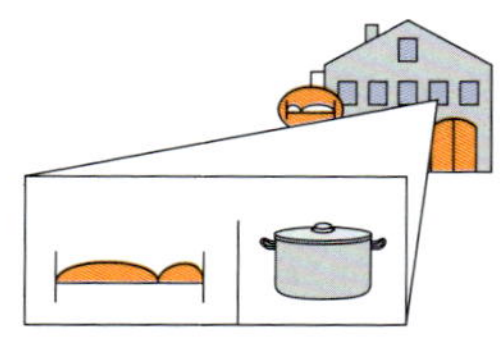

das **Studio**
Stu·dio <-s> *kurz* ST
hier: ein Zimmer mit einer kleinen Möglichkeit zu kochen
01.057

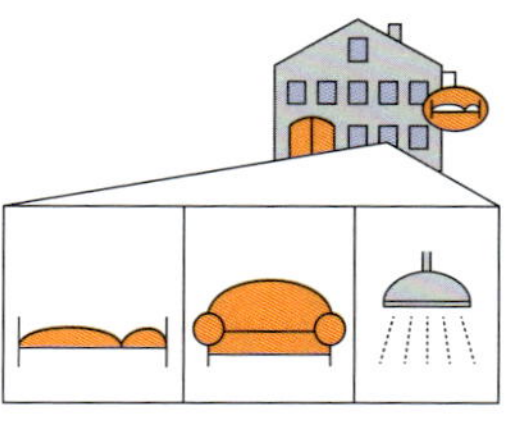

die **Suite**
Sui·te <-n> *kurz* SU
ein Hotelzimmer, das aus einem Schlaf-, einem Wohnzimmer und einem Bad besteht
01.058

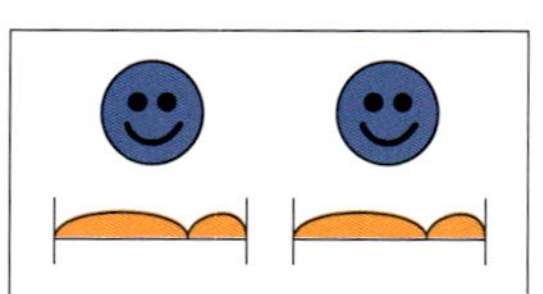

der **Twin-bedded Room**
Twin-bed·ded Room <-s>
ein Hotelzimmer, in dem zwei Personen übernachten können, die Betten aber nicht zusammenstehen
auch Zweibettzimmer
01.059

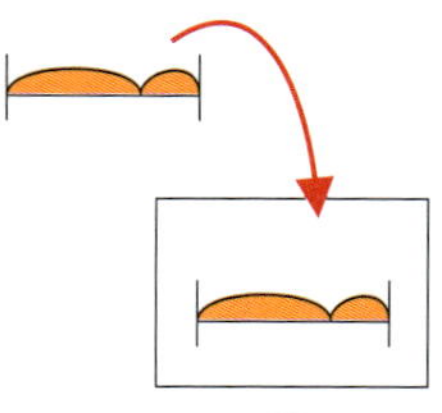

das **Zustellbett**
Zu·stell·bett <-en>
ein Bett, das als Möglichkeit zu schlafen zusätzlich in ein Zimmer gestellt wird, z. B. für ein Kind
01.060

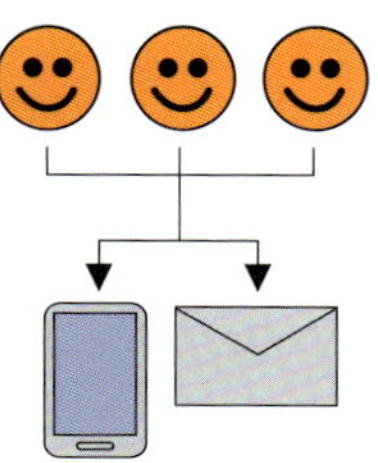

die **Arbeitsteilung**
Ar·beits·tei·lung <-en>
eine Form der Zusammenarbeit; mehrere Mitarbeiter teilen sich verschiedene Aufgaben in einem Bereich, z. B. Telefon und Post an der Rezeption
02.001

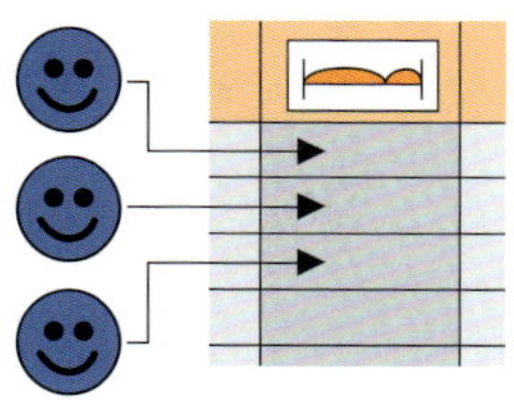

die **Belegung**
Be·le·gung <-en>
hier: die Planung und Entscheidung, welcher Gast in welchem Zimmer wohnt, wie hoch die **Zimmerauslastung** ist
02.002

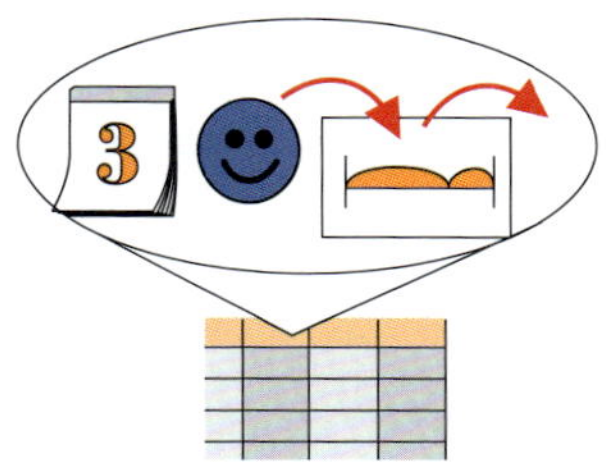

die **Belegungsvorschau**
Be·le·gungs·vor·schau <-en>
ein Plan, der zeigt, zu welchen Zeiten Gäste in den Zimmern wohnen und wann die Zimmer frei sind
auch Belegungsplan
02.003

der **Botengang**
Bo·ten·gang <Botengänge>
eine Tätigkeit, bei der man etwas für jemand anderen holt oder wegbringt, z. B. einen Brief zur Post bringen
02.004

die **Buchung**
Bu·chung <-en>
hier: die Bestätigung eines Gastes, dass er ein Zimmer mieten möchte
02.005

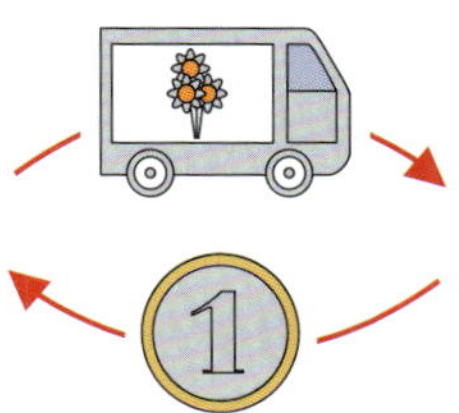

die **Dienstleistung**
Dienst·leis·tung <-en>
Arbeit, mit der für jemand anderen etwas erledigt wird, z. B. Blumen bestellen
02.006

der **Dienstplan**

Dienst·plan <Dienstpläne>

ein Plan, auf dem notiert ist, wann die einzelnen Mitarbeiter arbeiten

02.007

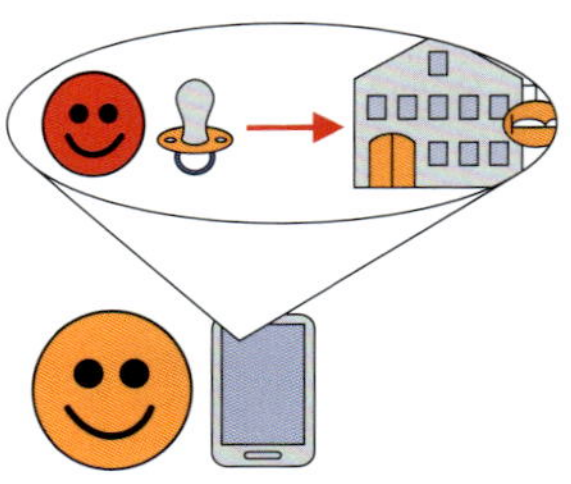

Fremdleistung vermitteln

Fremd·leis·tung ver·mit·teln

eine Person finden, die nicht im Hotel angestellt ist und eine Aufgabe oder Arbeit übernimmt; z. B. ein Babysitter für Gäste, die ohne Kinder ausgehen möchten

02.008

das **Fundbuch**

Fund·buch <Fundbücher>

ein Buch, in dem die Dinge aufgeschrieben werden, die Gäste im Hotel verloren oder liegen gelassen haben

02.009

die **Gästekartei**

Gäs·te·kar·tei <-en>

eine Liste, auf der persönliche Informationen über die Gäste stehen, damit sie einen guten Service bekommen können, z. B. welches Zimmer ein Gast besonders gerne mag

02.010

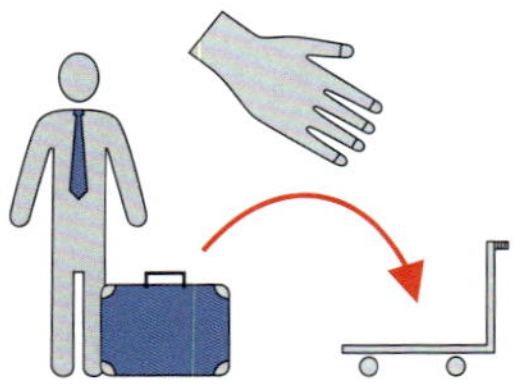

die **Handreichung**

Hand·rei·chung <-en>

eine kleine Hilfe, die man einer Person mit den Händen geben kann, z. B. einen Koffer auf den Wagen für das Gepäck stellen

02.011

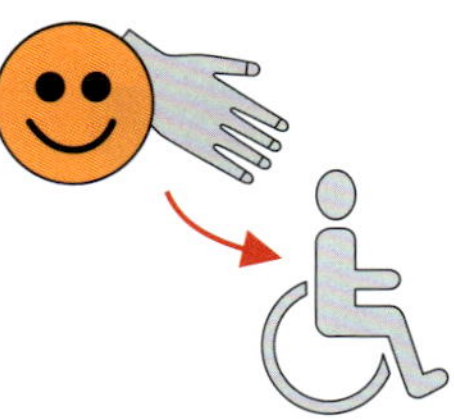

der **Hilfsdienst**

Hilfs·dienst <-e>

eine Arbeit, die getan wird, um jemandem zu helfen, der etwas nicht alleine tun kann, z. B. eine Person im Rollstuhl schieben

02.012

die **Interaktion**
In·ter·ak·ti·on <-en>
hier: ein Gespräch zwischen zwei oder mehreren Personen
02.013

die **Kontaktstelle**
Kon·takt·stel·le <-n>
hier: die Rezeption als Ort, an dem Gäste und Mitarbeiter des Hotels miteinander sprechen
02.014

die **Koordination**
Ko·or·di·na·ti·on <-en>
hier: die Organisation einer guten und friedlichen Zusammenarbeit der Mitarbeiter eines Hotels
02.015

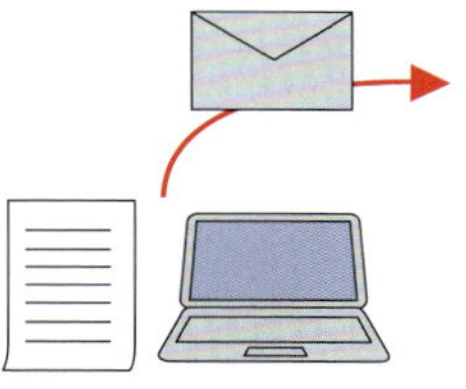

die **Korrespondenz**
Kor·res·pon·denz <-en>
Briefe und E-Mails, die beruflich oder privat geschrieben werden
02.016

das **Logis**
Lo·gis <->
eine Wohnung, ein Zimmer, eine Unterkunft; der Ort, an dem jemand wohnt
02.017

der **Meldeschein**
Mel·de·schein <-e>
hier: ein Formular, in das der Gast persönliche Informationen schreibt, bevor er den Schlüssel für das Zimmer bekommt, z. B. Adresse und Geburtstag
02.018

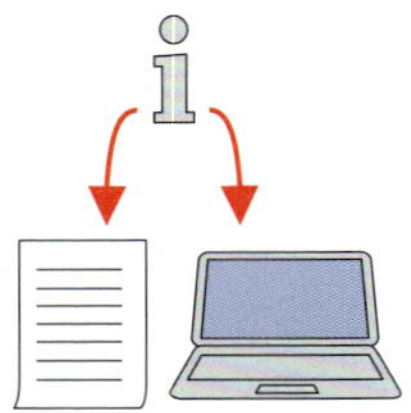

das **Organisationsmittel**
Or·ga·ni·sa·ti·ons·mit·tel <->
hier: ein Formular oder ein bestimmtes Computerprogramm, mit dem Informationen gesammelt und notiert werden
02.019

der **Restant**
Res·tant <-en>
hier: eine nicht bezahlte Rechnung aus dem Restaurant oder der Bar des Hotels; ist vom Gast unterschrieben und wird mit der Hotelrechnung zusammen bezahlt
02.020

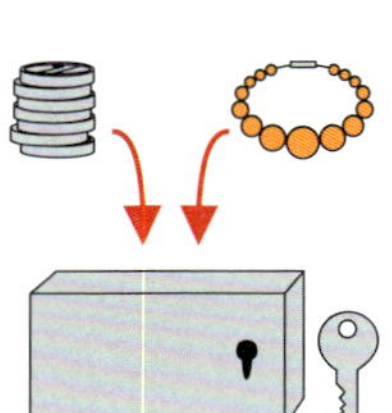

das **Schließfach**
Schließ·fach <Schließfächer>
eine Art kleine Kiste oder Kasten mit Schlüssel; wichtige und wertvolle Dinge werden zum Schutz vor Dieben hineingelegt
auch Safe, Depot
02.021

die **Zimmerauslastung**
Zim·mer·aus·las·tung <-en>
eine Angabe, die zeigt, wie viele Zimmer eines Hotels in einer bestimmten Zeit bewohnt sind oder waren
02.022

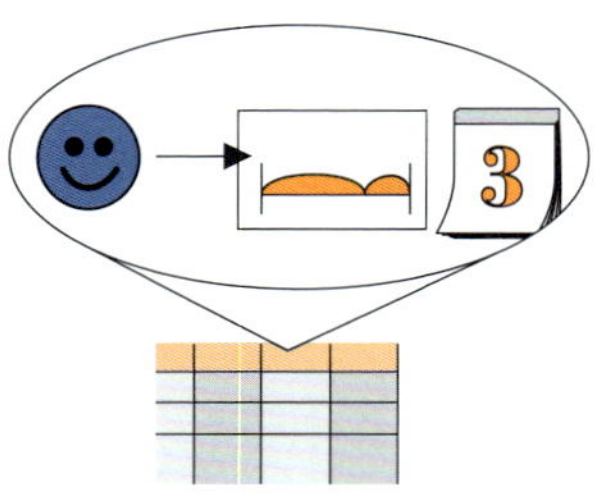

die **Zimmerdisposition**
Zim·mer·dis·po·si·ti·on <-en>
die Planung und der Plan, mit denen festgelegt wird, zu welcher Zeit welche Zimmer frei oder bewohnt sind, wird für die **Belegungsvorschau** gebraucht
02.023

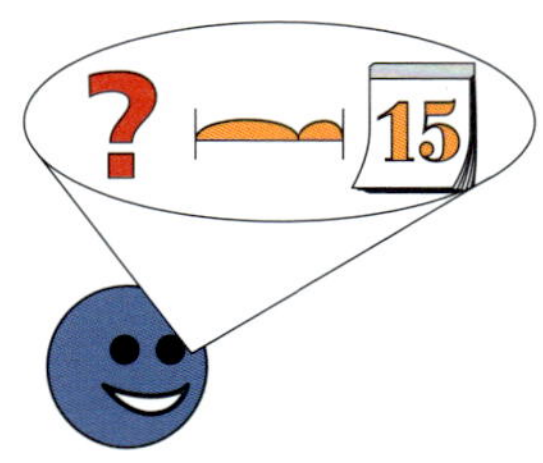

die **Zimmerreservierung**
Zim·mer·re·ser·vie·rung <-en>
die Frage oder Bitte eines Gastes, ein oder mehrere Zimmer zu einer bestimmten Zeit für ihn frei zu halten
02.024

Empfangsmitarbeiter

der **Chefportier**
Chef·por·ti·er <-s>
die **Chefportierin**
Chef·por·ti·e·rin <-nen>
er oder sie betreut die Gäste;
ist z. B. verantwortlich für die Schlüssel, Post und den Gepäck-Service
02.025

der **Empfangschef**
Emp·fangs·chef <-s>
die **Empfangschefin**
Emp·fangs·che·fin <-nen>
hier: die Person, die für alle Mitarbeiter an der und um die Rezeption verantwortlich ist
02.026

der **Empfangsherr**
Emp·fangs·herr <-en>
die **Empfangsdame**
Emp·fangs·da·me <-n>
er oder sie begrüßt z. B. die Gäste und gibt ihnen Informationen, wenn sie Fragen haben
02.027

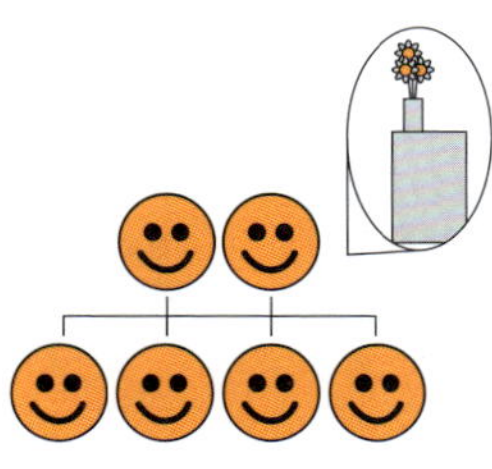

das **Hallenpersonal**
Hal·len·per·so·nal *kein Plural*
alle Mitarbeiter, die am Eingang und an der Rezeption eines Hotels arbeiten
02.028

der **Hausdiener**
Haus·die·ner <->
die **Hausdienerin**
Haus·die·ne·rin <-nen>
er oder sie begleitet Gäste auf ihre Zimmer und erklärt ihnen, wenn es Besonderheiten gibt, z. B. wie der Fernseher funktioniert
auch Kondukteur
02.029

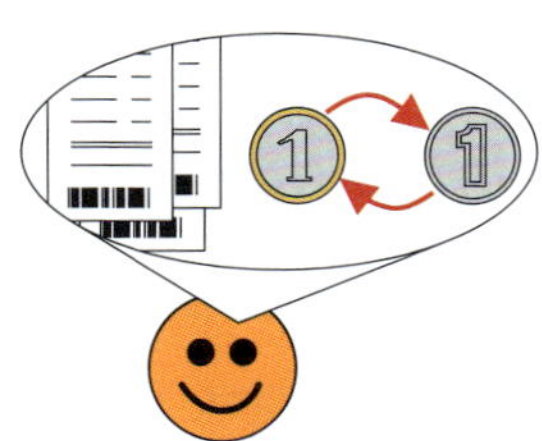

der **Kassierer**
Kas·sie·rer <->
die **Kassiererin**
Kas·sie·re·rin <-nen>
er oder sie ist verantwortlich für alle Rechnungen und tauscht z. B. auch Geld aus anderen Ländern in Euro um
02.030

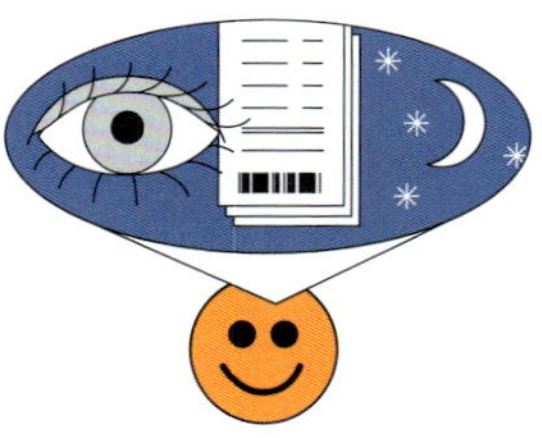

der **Nachtkassierer**
Nacht·kas·sie·rer <->
die **Nachtkassiererin**
Nacht·kas·sie·re·rin <-nen>
er oder sie ordnet die Rechnungen des Tages, kontrolliert, ob am Tag alles bezahlt wurde und bereitet die Kasse für den nächsten Tag vor
02.031

der **Page**
Pa·ge <-n>
die **Pagin**
Pa·gin <-nen>
er oder sie ist jung und hat die Aufgabe, Gästen zu helfen und das Personal zu unterstützen, z. B. beim Gepäck-Service
02.032

der **Portier**
Por·ti·er <-s>
die **Portierin**
Por·ti·e·rin <-nen>
er oder sie unterstützt den **Chefportier** bei allen Aufgaben und ist die Vertretung, wenn der **Chefportier** nicht da ist
02.033

der **Reservierungssekretär**
Re·ser·vie·rungs·se·kre·tär <->
die **Reservierungssekretärin**
Re·ser·vie·rungs·se·kre·tä·rin <-nen>
er oder sie hat die Aufgabe, die Reservierungen zu machen und zu kontrollieren, welche Zimmer gebucht sind
02.034

der **Telefonist**
Te·le·fo·nist <-en>
die **Telefonistin**
Te·le·fo·nis·tin <-nen>
er oder sie gibt Nachrichten an die Gäste weiter und kümmert sich z. B. darum, dass Gäste zur gewünschten Zeit pünktlich geweckt werden
02.035

der **Türsteher**
Tür·ste·her <->
die **Türsteherin**
Tür·ste·he·rin <-nen>
er oder sie begrüßt ankommende Gäste, hilft beim Aussteigen aus dem Auto und organisiert Taxis
02.036

Kasse

die **Ausfallrechnung**
Aus·fall·rech·nung <-en>
die Rechnung, die ein Hotel erstellen kann, wenn ein Gast nicht gekommen ist, ohne rechtzeitig abzusagen
02.037

die **Debitorenrechnung**
De·bi·to·ren·rech·nung <-en>
die Rechnung, die ein Hotel an Gäste schickt, wenn diese weggefahren sind, ohne vorher zu bezahlen
02.038

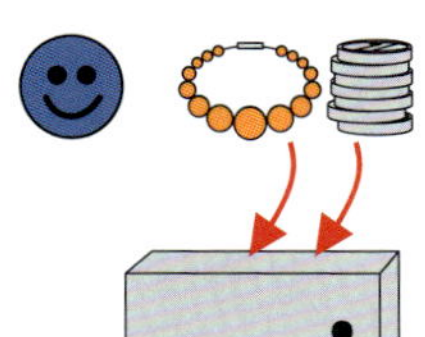

das **Depot**
De·pot <-s>
ein Ort, z. B. ein Safe in der Nähe der Rezeption; dort können Gäste wertvolle Dinge oder Geld abgeben, wenn sie diese nicht im Zimmer lassen möchten
02.039

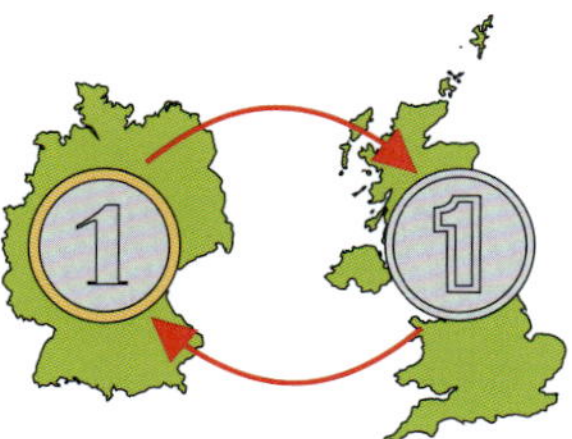

der **Devisenumtausch**
De·vi·sen·um·tausch <-e/Devisenumtäusche>
der Umtausch von Geld aus einem Land in die Währung eines anderen Landes
02.040

die **Fremdwährung**
Fremd·wäh·rung <-en>
eine ausländische Währung
02.041

der **Hotelvoucher**
Ho·tel·vou·cher <->
ein Papier mit dem (bezahlten) Wert einer Ware oder Leistung aus dem Hotel; das Papier kann man gegen die Ware oder Leistung tauschen, z. B. eine Übernachtung mit Frühstück
02.042

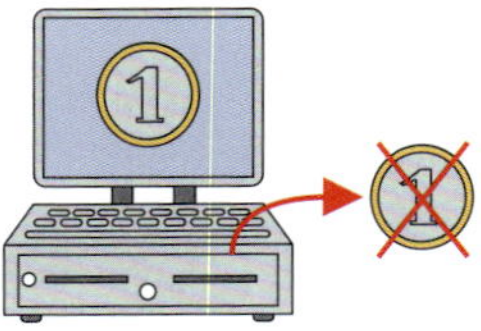

der **Kassenfehlbetrag**
Kas·sen·fehl·be·trag <Kassenfehlbeträge>
Geld, das in der Kasse gebucht ist, aber fehlt
auch Kassenmanko
02.043

die **Kassenübergabe**
Kas·sen·über·ga·be <-n>
der Moment, in dem eine Person die Kasse einer anderen Person gibt, z. B. der **Kassierer** gibt die Kasse dem **Nachtkassierer**
02.044

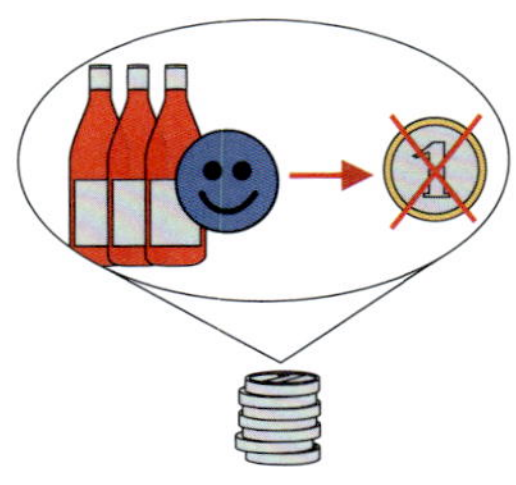

der **Kreditrahmen**
Kre·dit·rah·men <->
hier: der höchste Betrag, für den ein Gast im Restaurant oder Hotel konsumieren darf, ohne direkt seine Rechnung bezahlen zu müssen
02.045

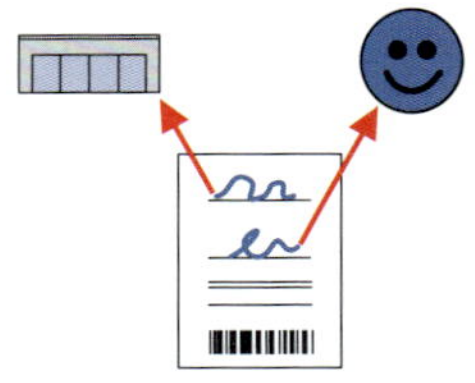

der **Rechnungssplit**
Rech·nungs·split <-s>
eine geteilte Rechnung; bestimmte Kosten bezahlt die Firma (z. B. die Übernachtung), andere Kosten muss der Gast bezahlen (z. B. Essen und Getränke)
02.046

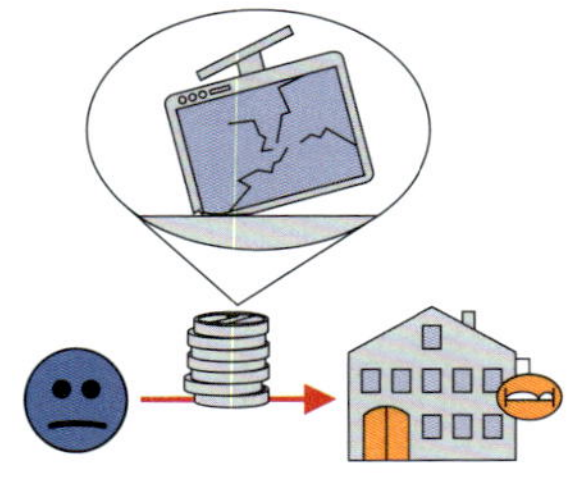

der **Schadenersatzanspruch**
Scha·den·er·satz·an·spruch
<Schadenersatzansprüche>
hier: Geld, das ein Hotel vom Gast verlangen kann, wenn dieser z. B. im Zimmer Dinge kaputt gemacht hat
02.047

der **Tagesabschluss**
Ta·ges·ab·schluss <Tagesabschlüsse>
der Betrag, den der **Nachtkassierer** abrechnet, wenn er das Geld in der Kasse gezählt und alle Rechnungen kontrolliert hat
02.048

Material

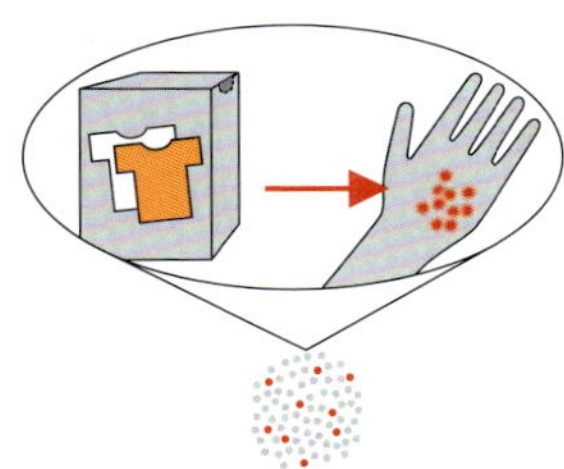

das **Allergen**
Al·ler·gen <-e>
ein Teil in Stoff, Staub, Waschmitteln, Lebensmitteln usw., das der Körper als fremd erkennt; dadurch entstehen Reaktionen, z. B. auf der Haut
03.001

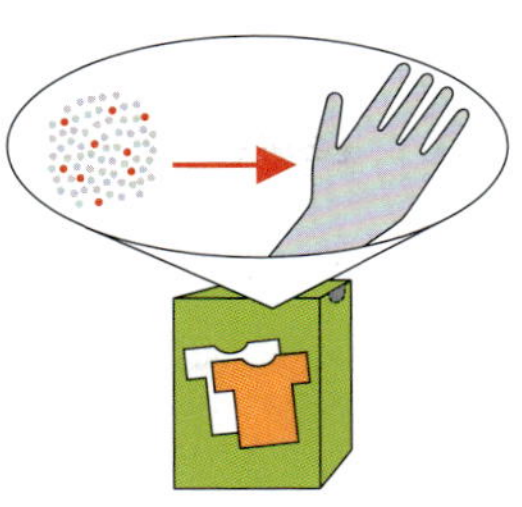

allergenfrei
al·ler·gen·frei
so sind z. B. Waschmittel, Stoffe oder Lebensmittel, die keine **Allergien** verursachen
03.002

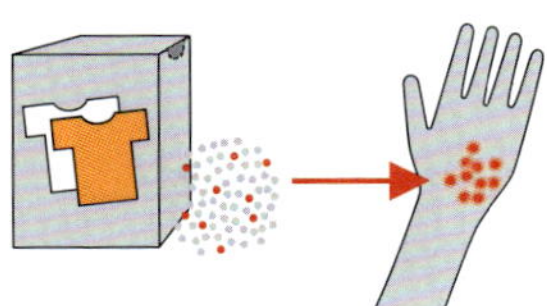

die **Allergie**
Al·ler·gie <-n>
eine Reaktion des Körpers auf bestimmte Teile in Stoffen, Waschmitteln, Lebensmitteln usw., z. B. in Kissen oder Decken
03.003

anschmiegsam
an·schmieg·sam
hier: so ist etwas, das ein weiches und angenehmes Gefühl auf der Haut und für den Körper verursacht, z. B. eine leichte, weiche Decke
03.004

anti-rheumatisch
an·ti-rheu·ma·tisch
hier: so ist eine Decke, die nur aus natürlichen Materialien hergestellt ist, z. B. aus Baumwolle und der Wolle von Schafen; wird gerne von Menschen mit speziellen Krankheiten (Rheuma) benutzt
03.005

das **Auswahlkriterium**
Aus·wahl·kri·te·ri·um <Auswahlkriterien>
hier: eine Qualität oder Bedingung, die erfüllt sein muss, damit etwas ausgewählt und gekauft wird, z. B. ein Öko-Waschmittel
03.006

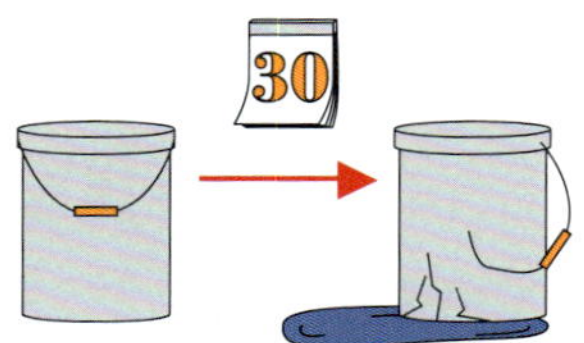

der **Gebrauchsgegenstand**

Ge·brauchs·ge·gen·stand <Gebrauchsgegenstände>

eine Sache (ein Gegenstand), die regelmäßig benutzt wird, so lange, bis sie kaputtgeht, z. B. ein Staubsauger

03.007

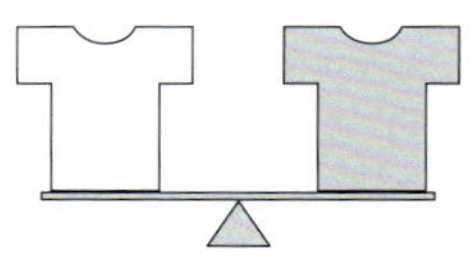

gleichgewichtig

gleich·ge·wich·tig

hier: so ist etwas, das genau so viel wiegt, wie etwas anderes, z. B. das Material in einem T-Shirt

03.008

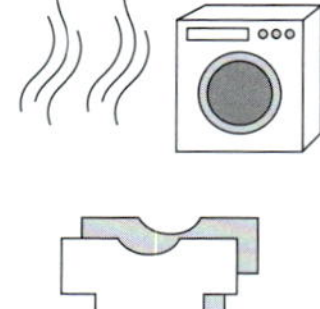

kochwaschbar

koch·wasch·bar

so ist Wäsche, die bei einer Temperatur von 90° oder höher gewaschen werden kann

03.009

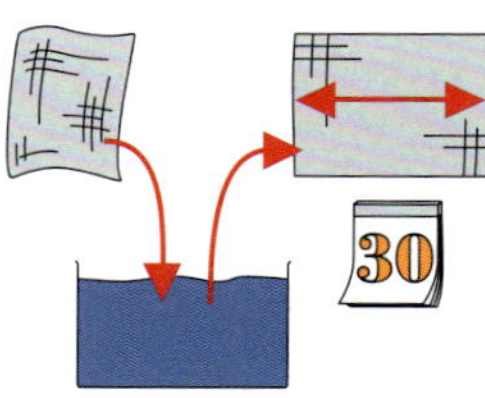

merzerisieren

mer·ze·ri·sie·ren

<merzerisiert, merzerisierte, hat merzerisiert>

hier: Stoff in einer bestimmten Flüssigkeit baden und dann stark ziehen; dadurch wird er besonders haltbar und glatt

03.010

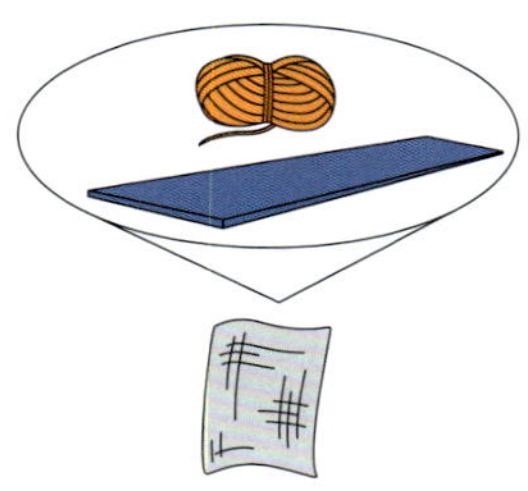

das **Mischgewebe**

Misch·ge·we·be <->

Stoff, der aus verschiedenen Materialien besteht, z. B. aus Wolle und Kunststoff

03.011

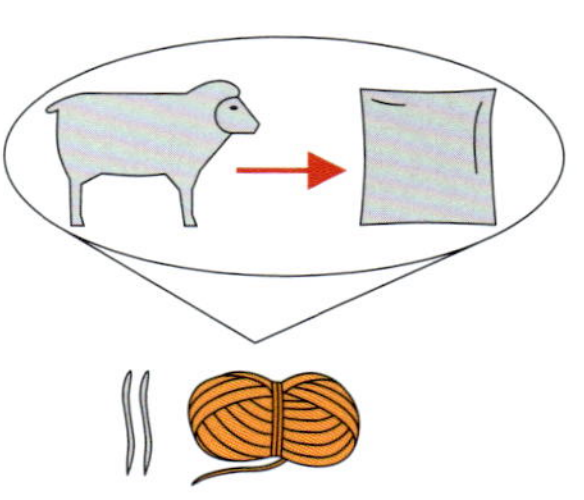

die **Naturhaarfüllung**

Na·tur·haar·fül·lung <-en>

Haare oder Wolle von Tieren als Material, das in einer Decke oder einem Kissen ist, z. B. Wolle von Schafen

03.012

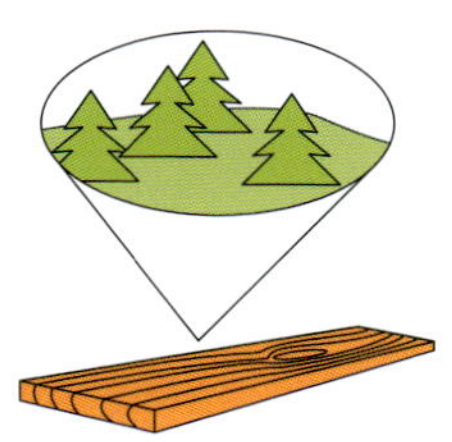

natürlicher Werkstoff

na·tür·li·cher Werk·stoff
ein Material, das in der Natur wächst und nicht künstlich hergestellt wird, z. B. Holz
03.013

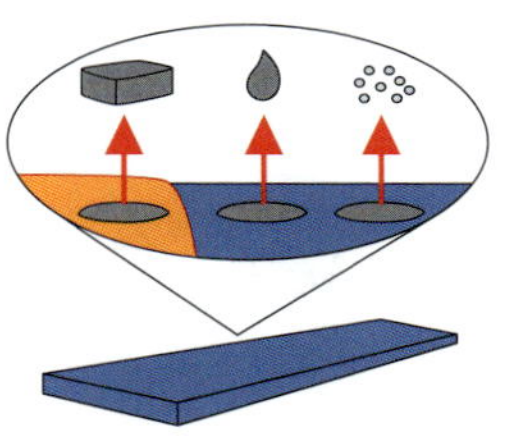

organisch-chemischer Stoff

or·ga·nisch-che·mi·scher Stoff
ein Material, das aus einer Mischung verschiedener Stoffe und aus chemischen Verbindungen hergestellt wird, z. B. Kunststoff
03.014

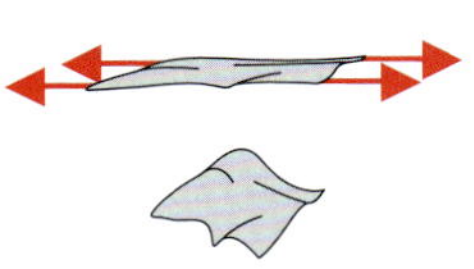

reißfest

reiß·fest <reißfester, am reißfestesten>
so ist ein Material, das nicht kaputtgeht, wenn man sehr stark daran zieht
03.015

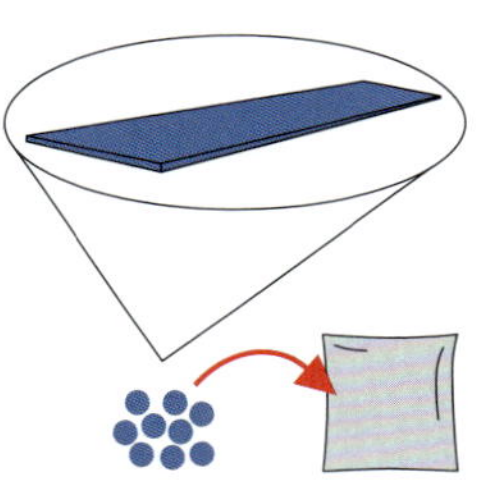

synthetische Füllung

syn·the·ti·sche Fül·lung
hier: ein Material in Decken oder Kissen, das aus Kunststoff hergestellt wird
03.016

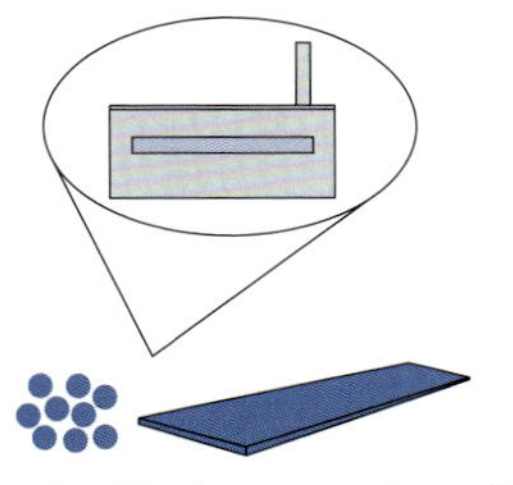

synthetischer Werkstoff

syn·the·ti·scher Werk·stoff
ein künstliches Material, aus dem etwas hergestellt wird, z. B. Dinge aus Kunststoff im Bad
03.017

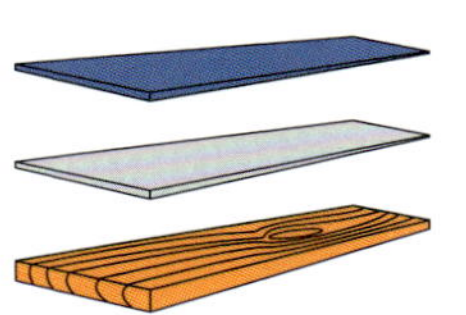

der Werkstoff

Werk·stoff <-e>
jedes Material, aus dem etwas hergestellt werden soll, z. B. Holz, Metall, Plastik
03.018

Natur- und Chemiefasern

die **Cellulose**

Cel·lu·lo·se *kein Plural*

ein natürliches Material, das vor allem in Pflanzen vorkommt, z. B. in Baumwolle

03.019

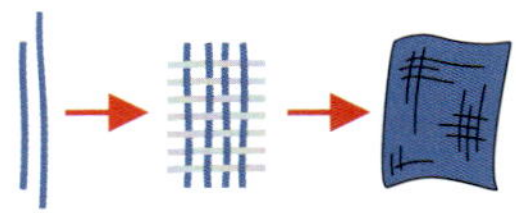

die **Chemiefaser**

Che·mie·fa·ser <-n>

eine künstlich hergestellte **Faser**; wird für die Herstellung von Stoff verwendet

03.020

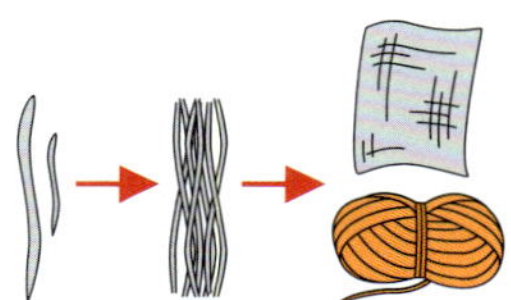

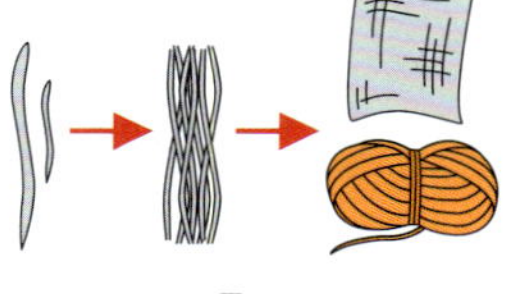

die **Faser**

Fa·ser <-n>

hier: eines der vielen kurzen oder längeren, dünnen, flexiblen Teile, aus denen z. B. Pflanzen, Stoff oder Wolle bestehen

03.021

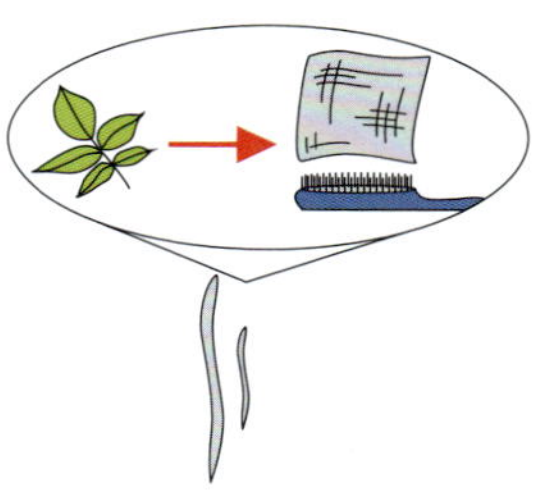

pflanzliche Faser

pflanz·li·che Fa·ser

eine Art Haar von Pflanzen; aus vielen davon werden z. B. Bürsten, Stoff oder Teppiche hergestellt

03.022

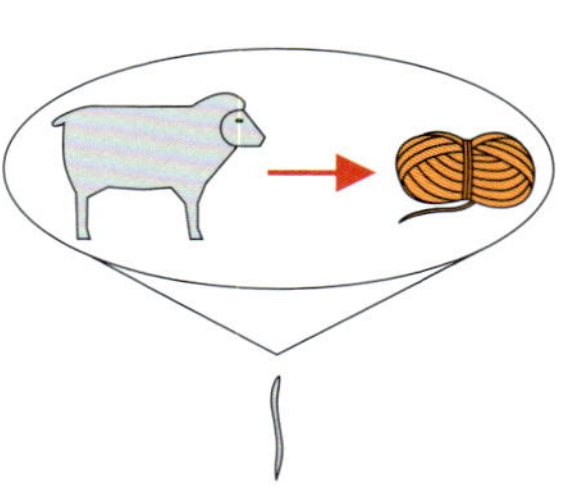

tierische Faser

tie·ri·sche Fa·ser

ein Haar von einem Tier, z. B. vom Schaf; aus vielen davon wird z. B. Wolle hergestellt

03.023

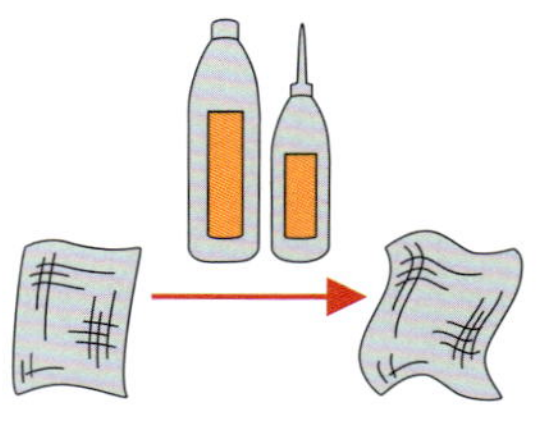

Ausrüstung von Textilien

Aus·rüs·tung von Tex·ti·li·en

eine besondere Qualität, die ein Stoff durch eine zusätzliche Behandlung erhält, z. B. wird er durch chemische Mittel weicher

03.024

Reinigungs- und Pflegemittel

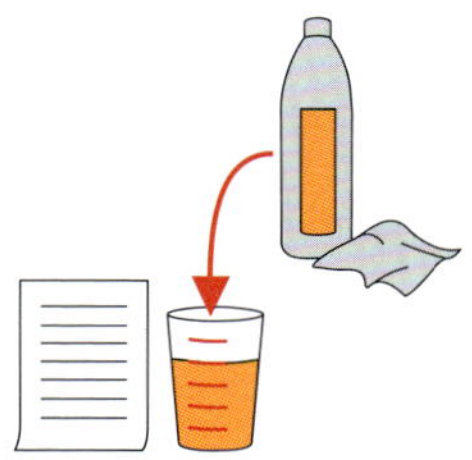

die **Dosierungsanweisung**
Do·sie·rungs·an·wei·sung <-en>
hier: eine Empfehlung, welche Menge eines Mittels zum Putzen oder Waschen benutzt werden soll
03.025

das **Hausmittel**
Haus·mit·tel <->
hier: ein natürliches Mittel zum Putzen oder Waschen; es enthält möglichst wenig, besser gar keine chemischen Stoffe, z. B Essig zum Fensterputzen
03.026

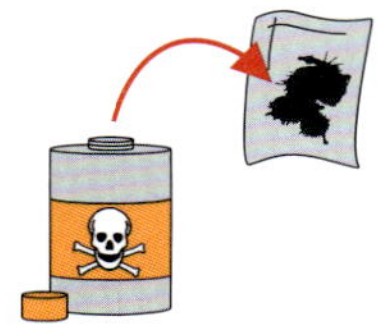

das **Lösungsmittel**
Lö·sungs·mit·tel <->
eine Flüssigkeit, mit der Schmutz und Flecken entfernt werden können, z. B. Benzin
auch Lösemittel, Solvens
03.027

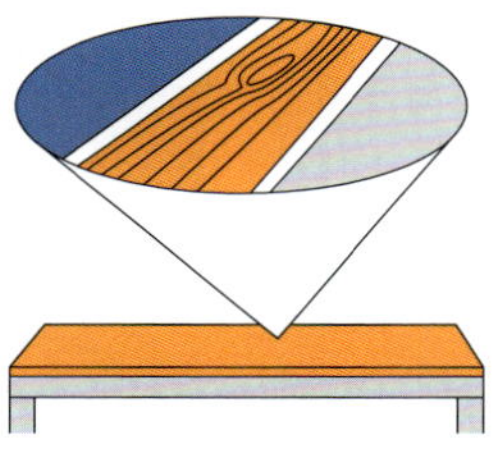

die **Oberflächenbeschaffenheit**
Ober·flä·chen·be·schaf·fen·heit <-en>
die Art, wie die äußere Schicht z. B. von Fußböden oder von Möbeln gemacht ist, z. B. hart, glatt, aus Holz, Kunststoff oder Stein
03.028

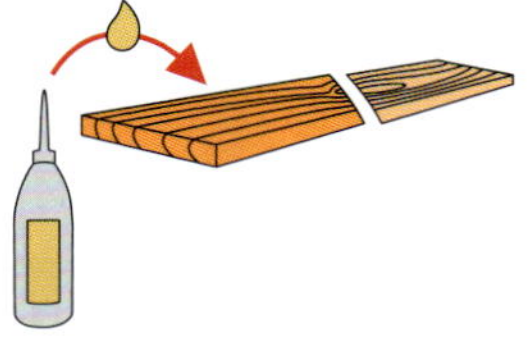

das **Pflegemittel**
Pfle·ge·mit·tel <->
ein Mittel, mit dem etwas nicht gereinigt, sondern schöner gemacht und geschützt wird; z. B. Öl, damit ein Boden aus Holz nicht zu trocken und nicht so schnell schmutzig wird
03.029

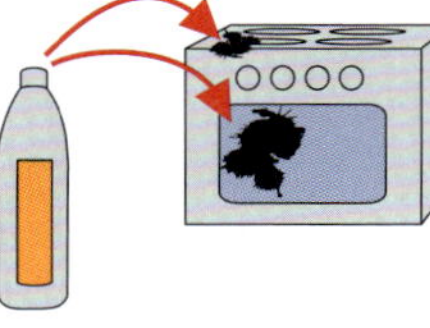

das **Scheuermittel**
Scheu·er·mit·tel <->
ein Mittel, mit dem fester Schmutz z. B. in Bad oder Küche entfernt wird
03.030

Wäschepflege

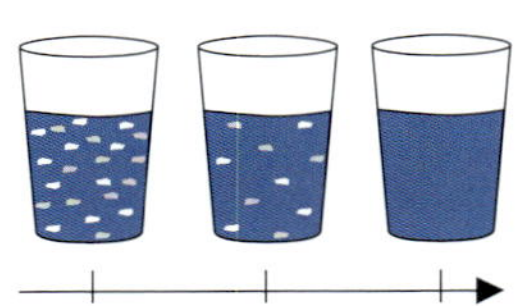

Härtegrad des Wassers

Här·te·grad des Was·sers
ein Ausdruck aus der Chemie; damit wird erklärt, ob Wasser „weich", „mittel" oder „hart" ist
auch Härtebereich, Wasserhärte
03.031

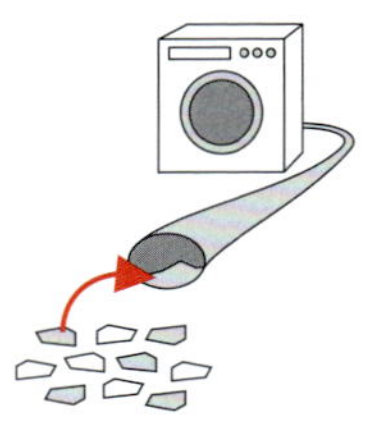

die Kalkablagerung

Kalk·ab·la·ge·rung <-en>
hier: **Kalkstein**, der sich vor allem auf und in den Rohren der Waschmaschine befindet; wenn er nicht regelmäßig entfernt wird, geht die Waschmaschine kaputt
03.032

der Kalkstein

Kalk·stein *kein Plural*
ein Material, das sich im Wasser befindet; größere Mengen davon machen das Wasser hart und sind als kleine weiße oder graue Stücke sichtbar
03.033

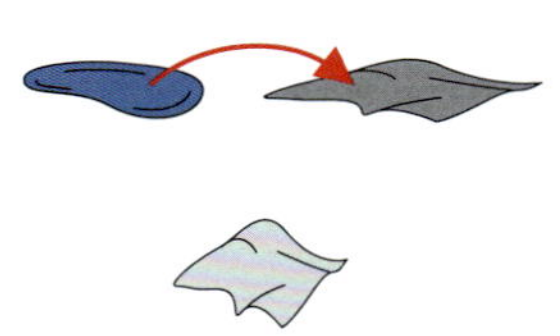

saugfähig

saug·fä·hig <saugfähiger, am saugfähigsten>
so ist ein Material, das Flüssigkeit gut aufnehmen kann, z. B. ein Tuch zum Putzen
03.034

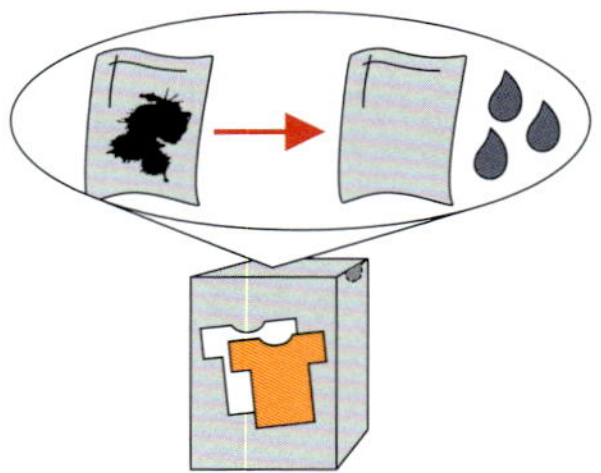

waschaktiv

wasch·ak·tiv
so ist ein Waschmittel, das den Schmutz aus Stoff gut entfernt, sodass er im Wasser und nicht mehr in der Wäsche ist
03.035

wasserenthärtend

was·ser·ent·här·tend
so ist ein Waschmittel, das das Wasser weicher macht, damit nicht zu viel Waschmittel gebraucht wird
03.036

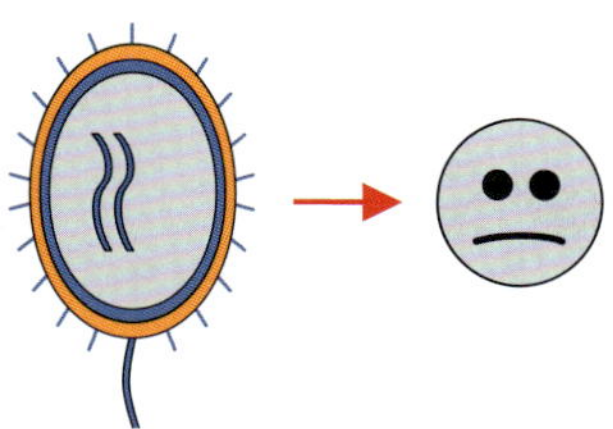

die **Bakterie**
Bak·te·rie <-n>
ein sehr kleines **Lebewesen**, das nur mit dem Auge nicht zu erkennen ist und die Ursache für Krankheiten sein kann
auch Bakterium
04.001

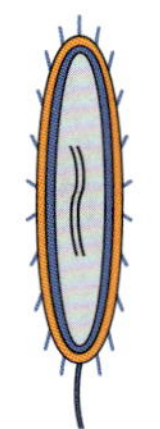

die **Bazille**
Ba·zil·le <-n>
der Name für eine bestimmte Art von **Bakterien**, deren Form länglich ist
auch Bazillus, Stäbchenbakterie
04.002

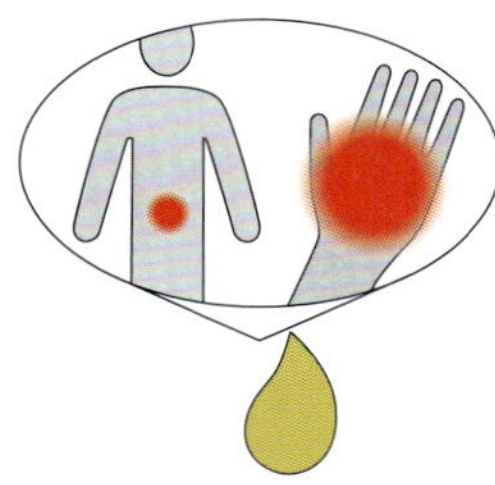

der **Eiter**
Ei·ter *kein Plural*
eine dicke gelbgrüne Flüssigkeit, die bei Infektionen von Haut und Körper entstehen kann
04.003

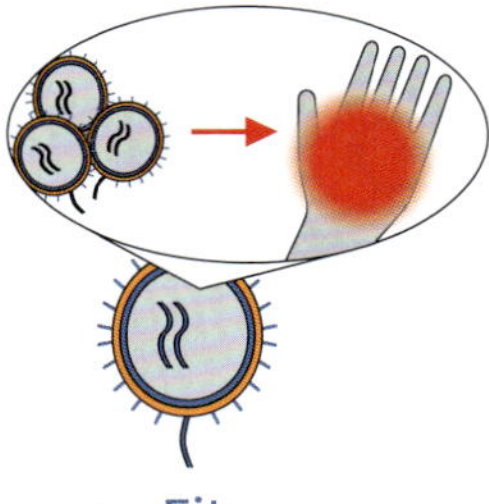

der **Eitererreger**
Ei·ter·er·re·ger <->
eine bestimmte **Bakterie**; ist die Ursache für Infektionen oder Entzündungen im Körper und auf der Haut; rund und lebt nie allein, sondern immer zu mehreren
auch Staphylokokkus
04.004

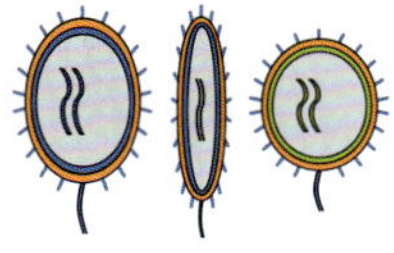

die **Eubakterie**
Eu·bak·te·rie <-n>
der Name für eine Gruppe, zu der alle runden und länglichen **Bakterien** gehören
auch echte Bakterie, einfache Bakterie
04.005

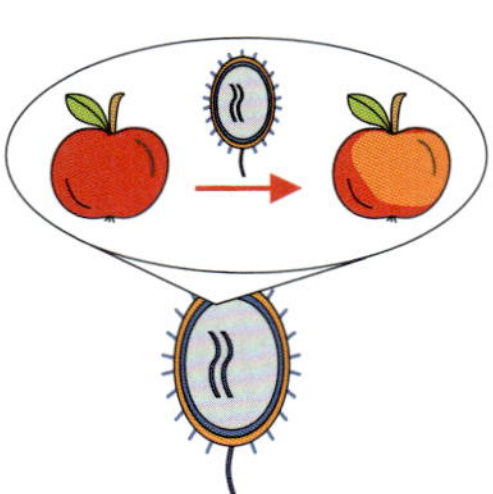

der **Fäulniserreger**
Fäul·nis·er·re·ger <->
hier: eine **Bakterie** als Ursache dafür, dass Lebensmittel schlecht werden
04.006

die **Kolonie**
Ko·lo·nie <-n>
hier: der Name für eine Gruppe von vielen schädlichen **Mikroben**, die auf oder in Lebensmitteln leben, z. B. **Schimmel** auf Brot
04.007

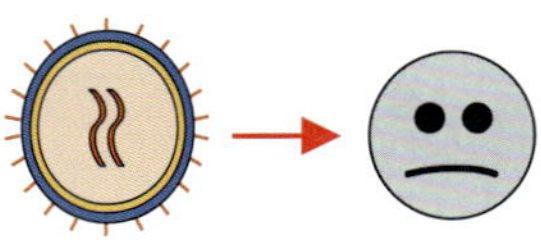

der **Krankheitskeim**
Krank·heits·keim <-e> *kurz* Keim
etwas, das eine Krankheit verursachen kann, z. B. ein Virus
auch Krankheitserreger
04.008

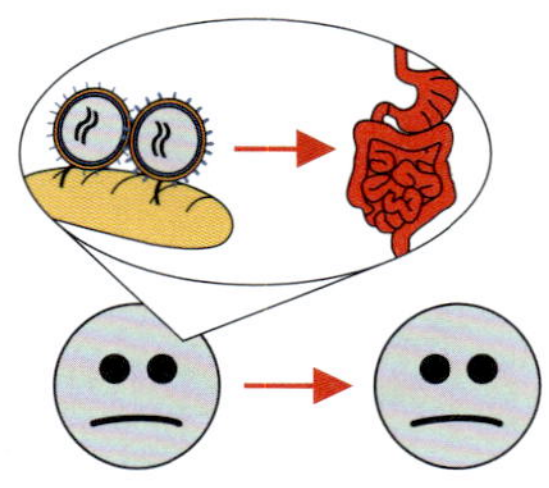

die **Lebensmittelinfektion**
Le·bens·mit·tel·in·fek·ti·on <-en>
eine Krankheit, die man in Magen und/oder Darm spürt; Ursache sind z. B. **Krankheitskeime** auf Lebensmitteln; eine Person kann die Infektion an eine andere Person weitergeben
04.009

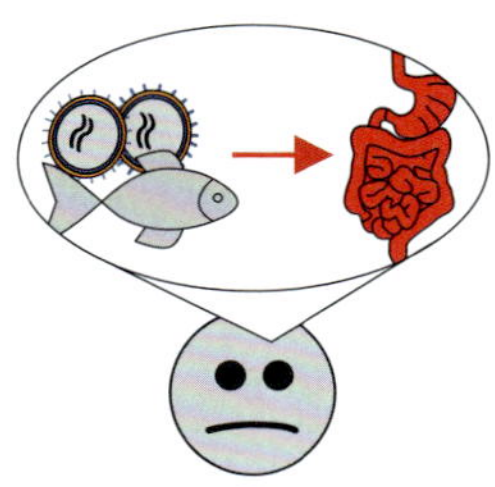

die **Lebensmittelvergiftung**
Le·bens·mit·tel·ver·gif·tung <-en>
eine Krankheit, die durch giftige Stoffe in zu alten Lebensmitteln entsteht, z. B. in Fisch; kann nicht von einem Menschen zum anderen weitergegeben werden
04.010

das **Lebewesen**
Le·be·we·sen <->
etwas, das lebt, Pflanze, Tier oder Mensch, aber auch so klein, dass man es nur mit dem Auge nicht sehen kann, z. B. eine **Bakterie**
04.011

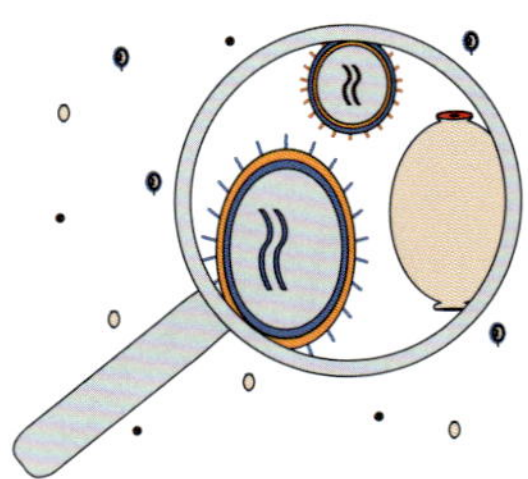

die **Mikrobe**
Mi·kro·be <-n>
ein sehr kleines **Lebewesen**, das man nur mit dem Auge nicht sehen kann; z. B. eine **Bakterie**
04.012

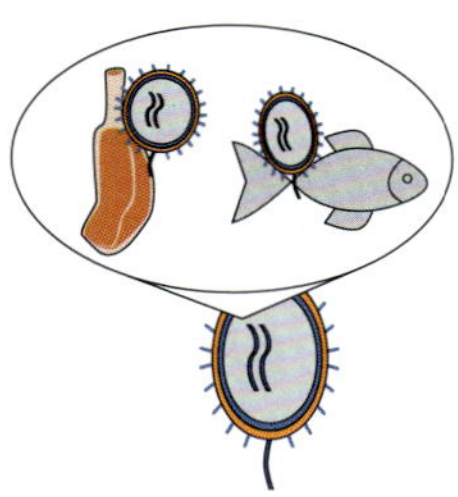

eiweißspaltende Mikrobe

ei·weiß·spal·ten·de Mi·kro·be
eine spezielle Art von **Mikrobe**, die meist auf Fleisch, Wurst oder Fisch lebt
04.013

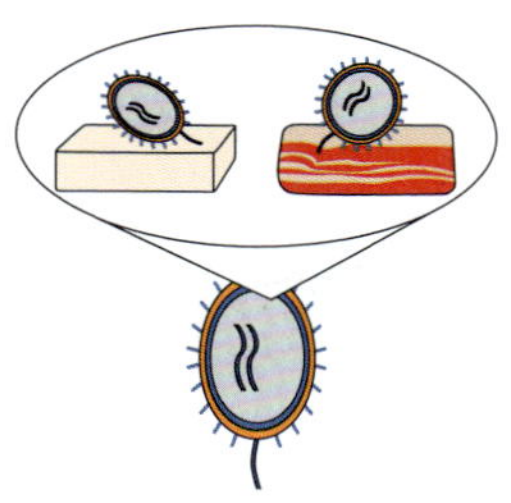

fettspaltende Mikrobe

fett·spal·ten·de Mi·kro·be
eine spezielle Art von **Mikrobe**, die meist auf Butter, Margarine oder Fett vom Fleisch lebt
04.014

kohlenhydratspaltende Mikrobe

koh·len·hy·drat·spal·ten·de Mi·kro·be
eine spezielle Art von **Mikrobe**, die meist auf süßen Speisen und in Getränken lebt, z. B. Desserts oder Saft
04.015

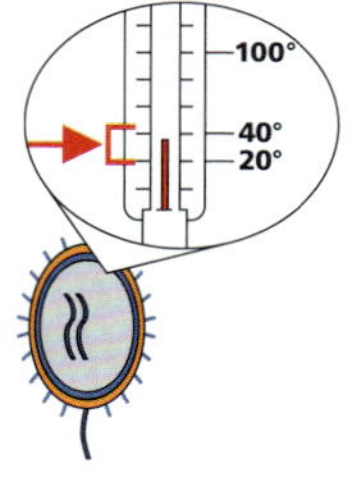

mesophile Mikrobe

me·so·phi·le Mi·kro·be
ein sehr kleines **Lebewesen**, das am besten bei Temperaturen zwischen 20° und 45° existieren kann
04.016

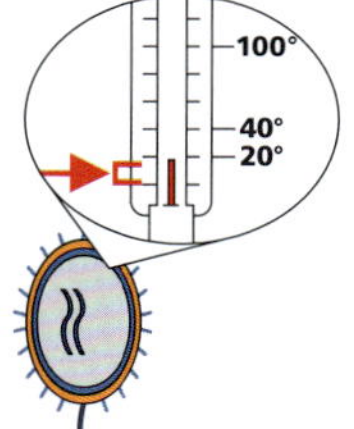

psychrophile Mikrobe

psy·chro·phi·le Mi·kro·be
ein sehr kleines **Lebewesen**, das gut bei geringen Temperaturen existieren kann
auch Kühlschrankbakterie
04.017

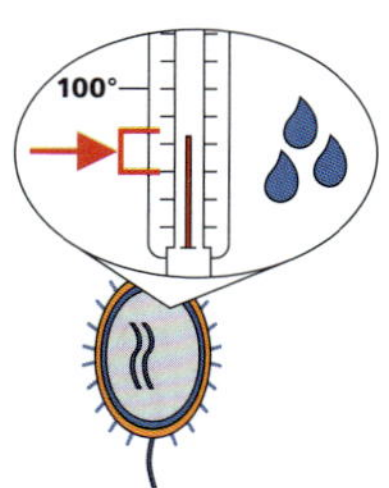

thermophile Mikrobe

ther·mo·phi·le Mi·kro·be
eine bestimmte **Bakterie**, die in feuchter, warmer Umgebung und bei Temperaturen im hohen Bereich sehr gut leben kann
04.018

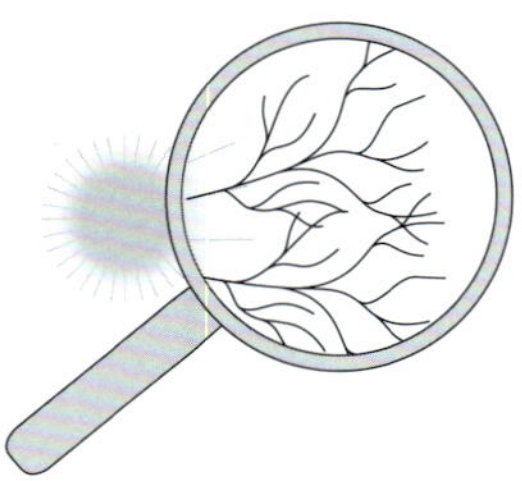

das **Myzel**
My·zel <-e/-ien>
der Name für alle dünnen, flexiblen Teile (Fäden) eines **Pilzes** oder einer **Bakterie**; ist meistens nur vergrößert oder mit speziellem Licht sichtbar
04.019

der **Schimmel**
Schim·mel *kein Plural*
hier: ein schädlicher, manchmal sogar giftiger **Pilz**, der weiß, grau oder grün auf Lebensmitteln wächst, wenn sie nicht mehr gut sind, z. B. auf Brot
04.020

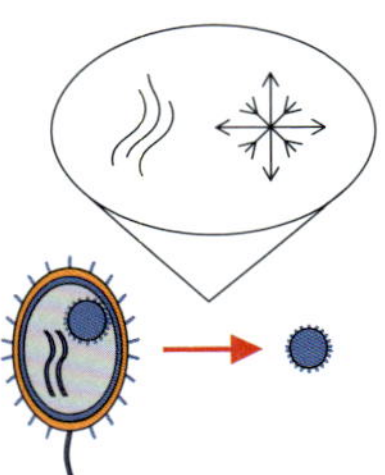

die **Spore** 1
Spo·re <-n>
ein Teil der Entwicklung von kleinsten **Lebewesen**; es entsteht eine Art Kern, damit das **Lebewesen** auch bei zu großer Hitze oder Kälte weiter existieren kann, z. B. bei **Bakterien**
04.021

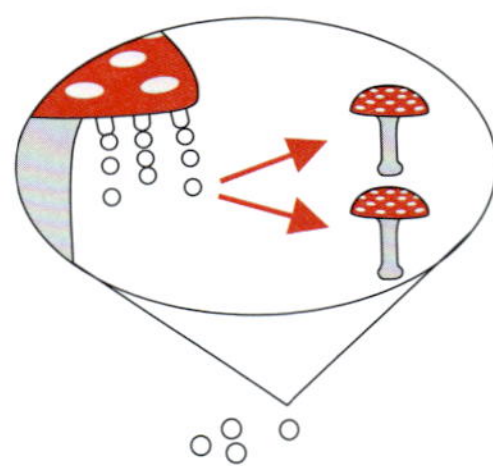

die **Spore** 2
Spo·re <-n>
ein sehr kleines Stück von **Pilzen** und einigen Pflanzen; wenn es auf den Boden fällt, können andere Pilze oder Pflanzen daraus werden
04.022

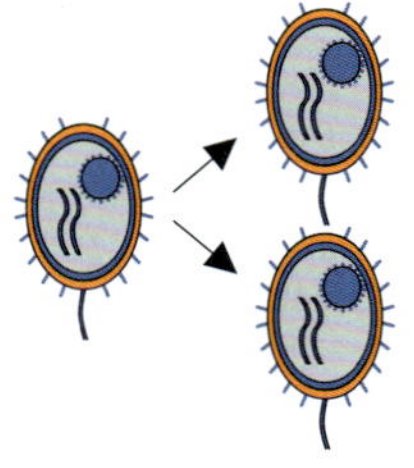

die **Sprossung**
Spros·sung <-en>
hier: die Teilung eines kleinsten **Lebewesens**, durch die weitere kleinste **Lebewesen** entstehen
04.023

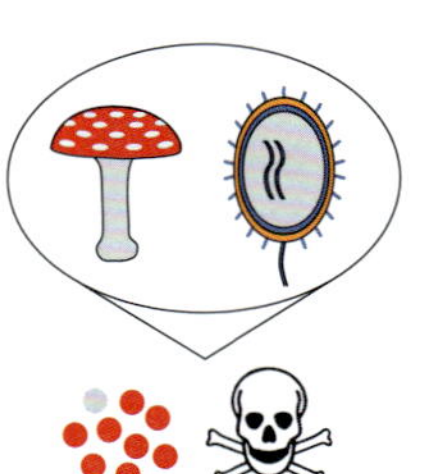

das **Toxin**
To·xin <-e>
ein Ausdruck für die Familie der Gifte, die durch **Lebewesen** entstehen, z. B. in **Pilzen** oder durch **Bakterien**
04.024

Desinfektion

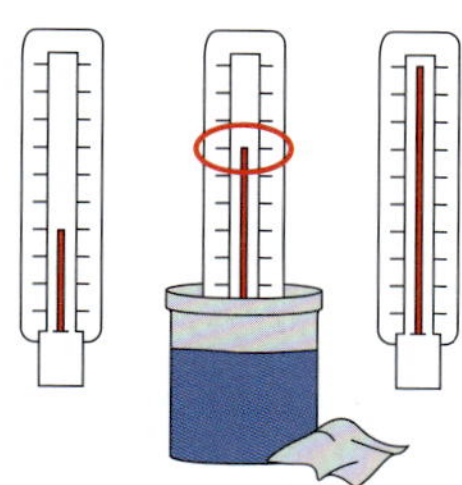

die **Anwendungstemperatur**
An·wen·dungs·tem·pe·ra·tur <-en>
hier: der Temperaturbereich, in dem die Wirkung eines Putzmittels am größten ist
04.025

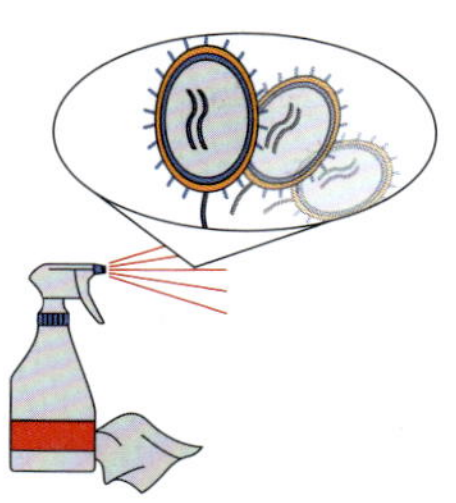

das **Desinfektionsmittel**
Des·in·fek·ti·ons·mit·tel <->
ein Mittel, das totes oder lebendes Material so verändert, dass es keine Infektion verursachen kann
04.026

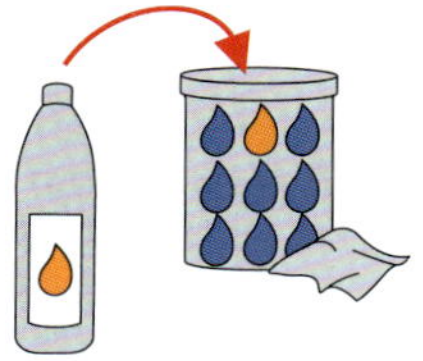

das **Konzentrat**
Kon·zen·trat <-e>
hier: eine Flüssigkeit, in der sich ein bestimmter Stoff so intensiv befindet, dass er auch mit Wasser gemischt (**verdünnt**) noch gut wirkt
04.027

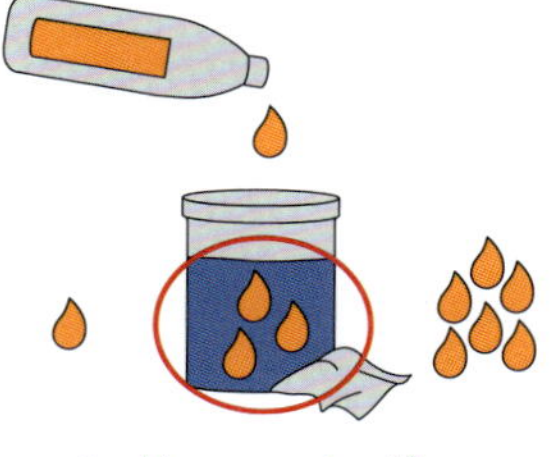

die **Konzentration**
Kon·zen·tra·ti·on <-en>
hier: die Portion eines Putzmittels, die in Wasser gelöst am stärksten wirkt
04.028

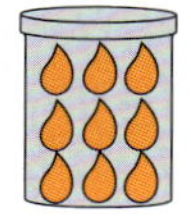

unverdünnt
un·ver·dünnt
so ist eine Flüssigkeit, die nicht mit einer anderen Flüssigkeit gemischt ist, z. B. mit Wasser
04.029

verdünnt
ver·dünnt
so ist eine Flüssigkeit, die mit Wasser oder einer anderen Flüssigkeit gemischt ist
04.030

die **Aufzeichnung**
Auf·zeich·nung <-en>
hier: eine Notiz, in der geschrieben steht, was sich im Lager befindet
05.001

der **Barcode**
Bar·code <-s>
ein Schild auf einem Produkt; unterschiedlich dicke Linien stehen für elektronisch lesbare Informationen zur Ware
auch Balkencode, Streifencode, Strichcode
05.002

der **Bruch**
Bruch <Brüche>
hier: die Ware, die beim Transport oder durch langes Liegen im Lager kaputtgegangen ist
05.003

der **Diebstahl**
Dieb·stahl <Diebstähle>
eine strafbare Tat; wenn jemand ohne zu fragen etwas wegnimmt, das ihm nicht gehört, z. B. Lebensmittel aus einem Lager
05.004

doppelte Ausführung
dop·pel·te Aus·füh·rung
hier: zweimal die gleiche Liste, auf der steht, was im Lager fehlt
05.005

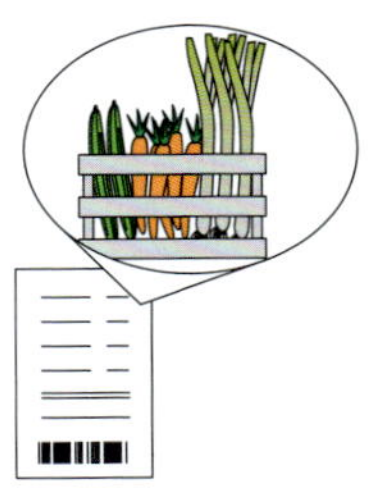

die **Empfangsbestätigung**
Emp·fangs·be·stä·ti·gung <-en>
eine Quittung dafür, dass man etwas bekommen hat, z. B. Lebensmittel zum Kochen
auch Quittierung
05.006

der **Gefahrenübergang**
Ge·fah·ren·über·gang *kein Plural*
der Moment, wenn der Käufer rechtlich die Verantwortung für den Zustand einer Ware vom Verkäufer übernimmt
05.007

die **Inventurliste**
In·ven·tur·lis·te <-n>
hier: eine Liste, auf der steht, welche Waren sich zu einem bestimmten Zeitpunkt in einem Lager befinden
05.008

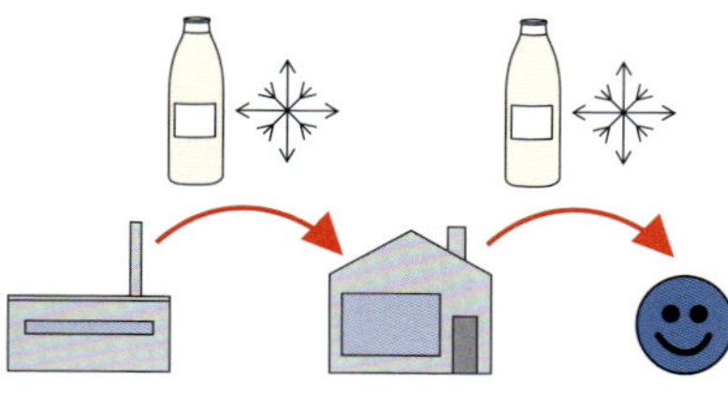

die **Kühlkette**
Kühl·ket·te <-n>
hier: das System, mit dem Lebensmittel auf dem Transport vom Hersteller über den Händler bis zum Verbraucher kühl/kalt und damit frisch gehalten werden
auch Gefrierkette
05.009

der **Lieferschein**
Lie·fer·schein <-e>
eine Art Brief, der immer bei der Ware ist; darin stehen wichtige Informationen zu dem Produkt, das geliefert wird
auch Warenbegleitschein
05.010

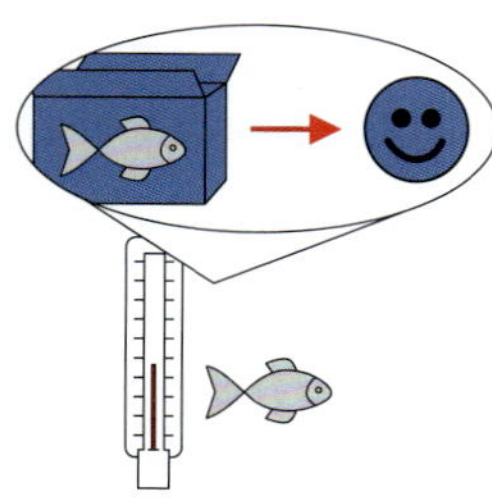

die **Liefertemperatur**
Lie·fer·tem·pe·ra·tur <-en>
hier: die Temperatur, die ein Lebensmittel hat, wenn es beim Käufer ankommt
05.011

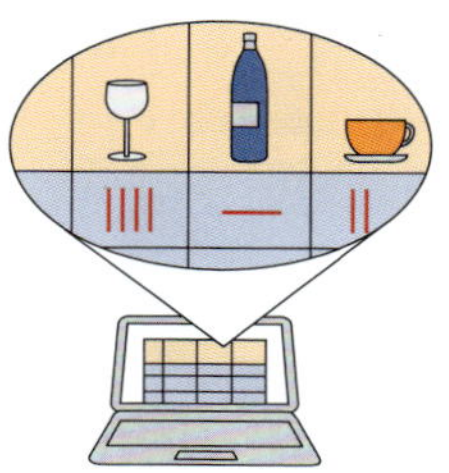

das **Materialkonto**
Ma·te·ri·al·kon·to <Materialkonten>
eine **Tabelle** im Computer; darin steht, welche Waren in ausreichender Menge da sind und welche fehlen
05.012

Bestand

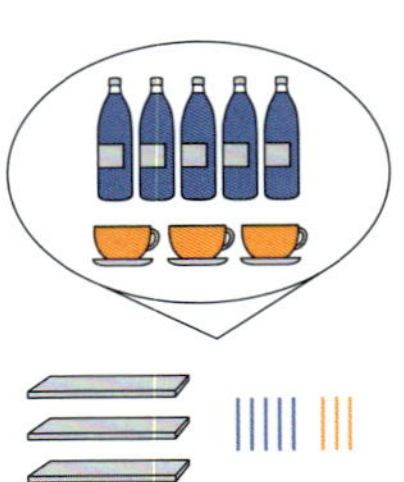

der **Bestand**
Be·stand <Bestände> *lang* Lagerbestand
hier: die Waren, die momentan im Lager sind
05.013

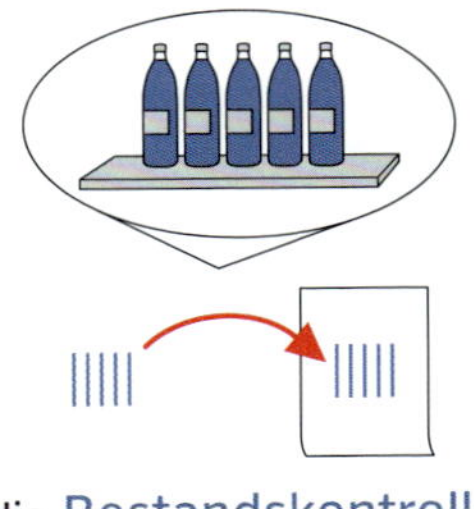

die **Bestandskontrolle**
Be·stands·kon·trol·le <-n>
das Zählen und Notieren der Waren in einem Lager
auch Inventur
05.014

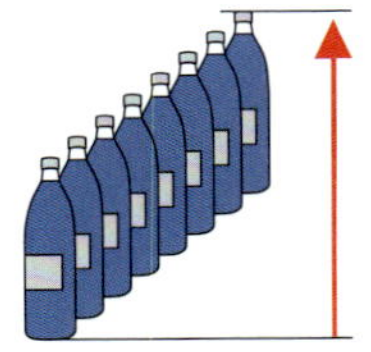

der **Höchstbestand**
Höchst·be·stand <Höchstbestände>
hier: die höchste Anzahl von bestimmten Produkten, die sich in einem Lager befinden darf
auch Maximalbestand
05.015

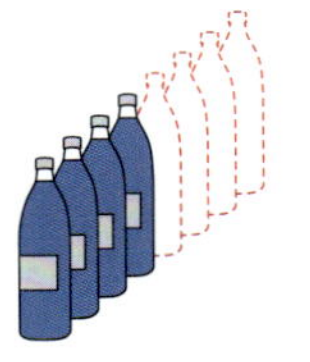

der **Istbestand**
Ist·be·stand <Istbestände>
die Menge der Produkte, die sich aktuell in einem Lager befinden
05.016

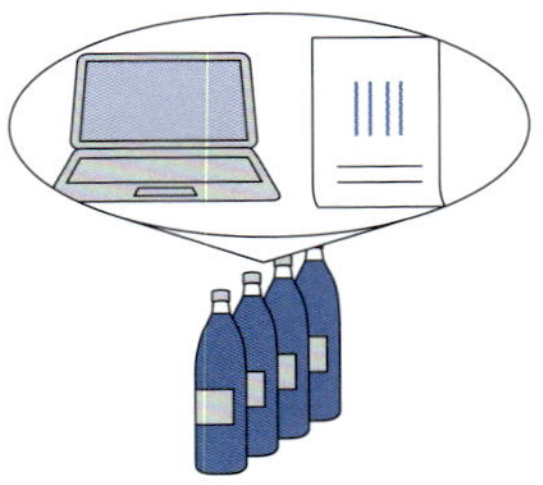

der **Sollbestand**
Soll·be·stand <Sollbestände>
die Anzahl der Produkte, die sich in einem Lager befinden müssen; sie wird im Computer oder auf einer Liste notiert
05.017

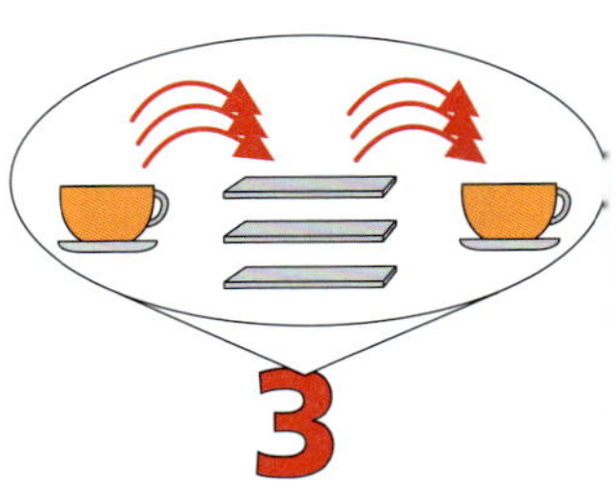

die **Umschlagshäufigkeit**
Um·schlags·häu·fig·keit <-en>
lang Lagerumschlagshäufigkeit
eine Zahl, an der man erkennt, wie oft ein Produkt in einem bestimmten Zeitraum verkauft und neu ins Lager gestellt wird
05.018

Lager

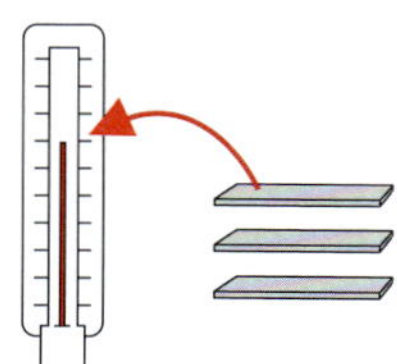

die **Lagerbedingung**
La·ger·be·din·gung <-en>
die Situation im Lager; z. B. welche Temperatur ist dort, wie feucht ist die Luft
05.019

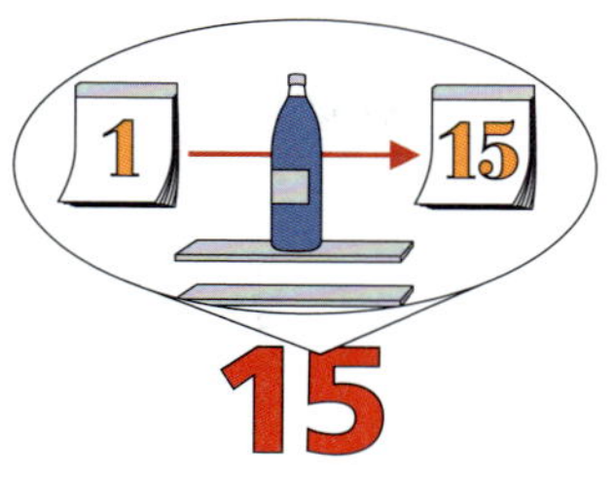

die **Lagerdauer**
La·ger·dau·er *kein Plural*
eine Zahl, an der man erkennen kann, wie lange bestimmte Produkte durchschnittlich im Lager sind
05.020

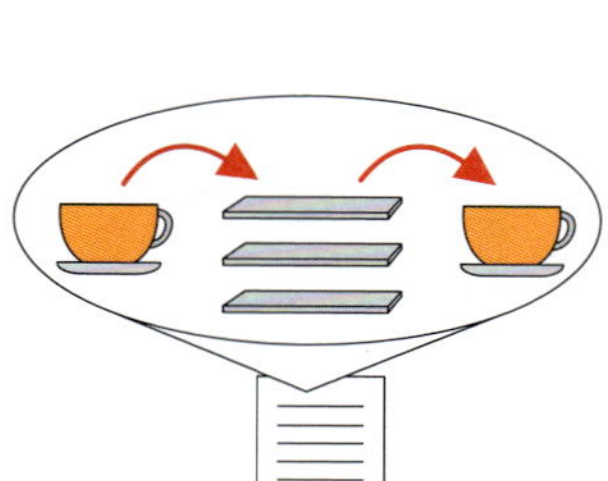

die **Lagerfachkarte**
La·ger·fach·kar·te <-n>
eine Karte, die sich im Regal bei der Ware befindet; darauf schreibt jeder, was er aus dem Regal genommen hat oder was er hineingetan hat
05.021

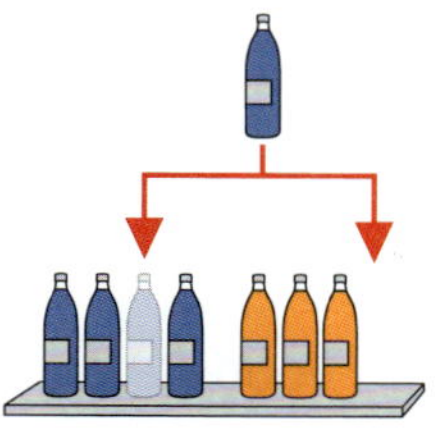

die **Lagermethode**
La·ger·me·tho·de <-n>
die Art, wie ein Lager organisiert wird; z. B. ob jede Ware einen festen Platz hat oder ob alles auf den nächsten freien Platz gelegt/gestellt wird
05.022

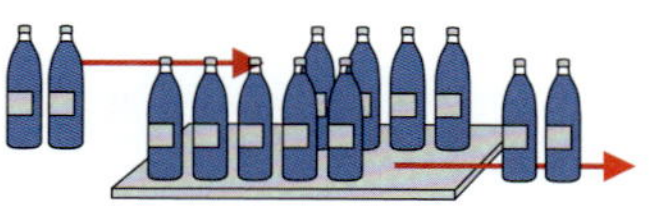

die **Lagerstrategie**
La·ger·stra·te·gie <-n>
das System, nach dem ein Lager geführt wird; z. B. dass neue Waren im Regal hinten stehen, damit ältere Waren zuerst verbraucht werden
05.023

der **Lagerverlust**
La·ger·ver·lust <-e>
hier: die Lebensmittel, die nicht gebraucht werden können, weil sie im Lager schlecht geworden sind, z. B. weil die Temperatur nicht richtig war
05.024

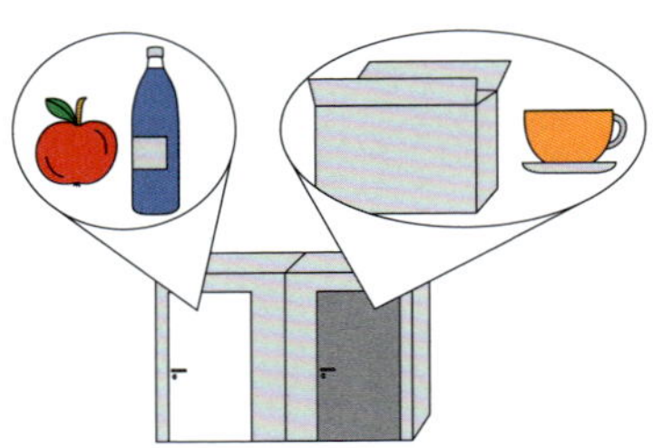

das **Trockenlager**

Tro·cken·la·ger <->
ein spezielles Lager, das in zwei Bereiche geteilt ist; Lebensmittel und Dinge, die nicht gegessen werden, z. B. Plastikfolie und anderes Material zum Verpacken
05.025

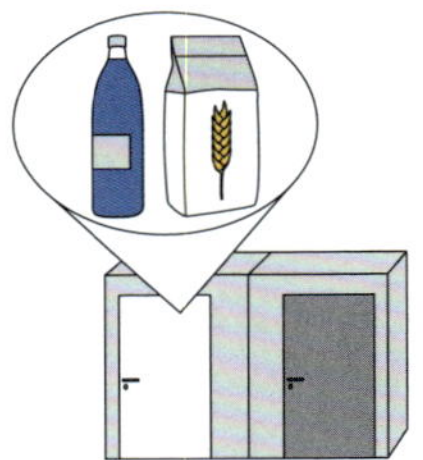

der Food-Bereich

Food-Be·reich <-e>
die Abteilung des **Trockenlagers**, in der sich Lebensmittel befinden, die bei Temperaturen über 18° nicht schlecht werden, z. B. Mehl, Zucker, Müsli
05.026

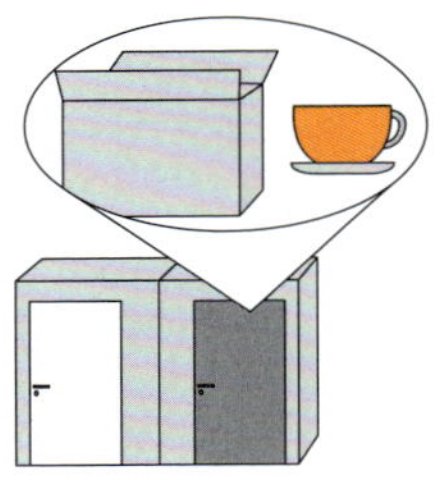

der Non-Food-Bereich

Non-Food-Be·reich <-e>
die Abteilung des **Trockenlagers**, in der Dinge gelagert werden, die man nicht essen kann, z. B. Geschirr, Besteck
05.027

die Überlagerung

Über·la·ge·rung <-en>
eine Situation, in der zu viele Produkte einer Art im Lager sind, sodass sie schlecht werden, bevor sie verbraucht werden können
05.028

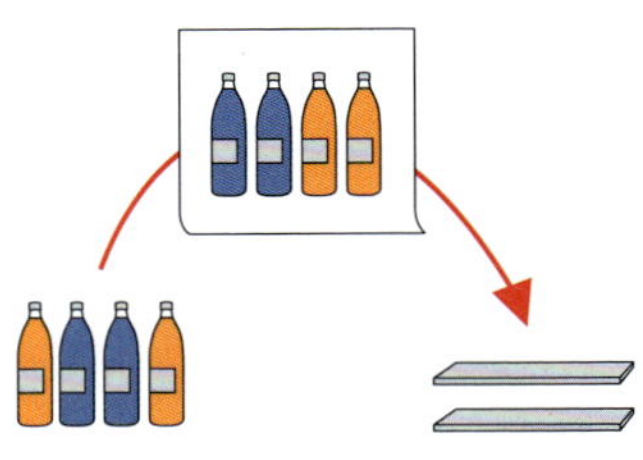

Verräumen der Ware

Ver·räu·men der Wa·re
das Ordnen der Ware in die Regale, so wie es der Plan für die Organisation festlegt, z. B. alle Waren einer Art in dasselbe Regal
05.029

Ware

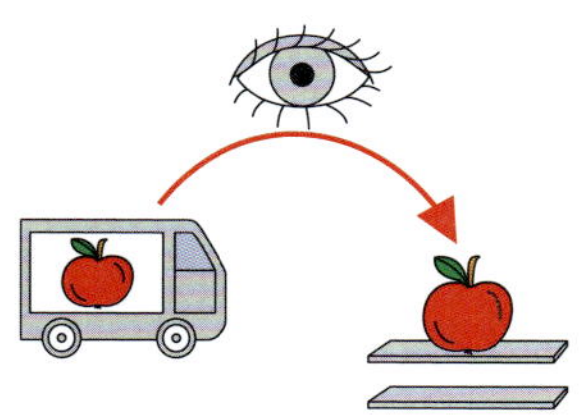

die **Warenannahme**
Wa·ren·an·nah·me <-n>
das Annehmen der bestellten Produkte; zwischen Lieferung und Lager sind verschiedene Kontrollen nötig, z. B. ob die Ware komplett und in gutem Zustand ist
05.030

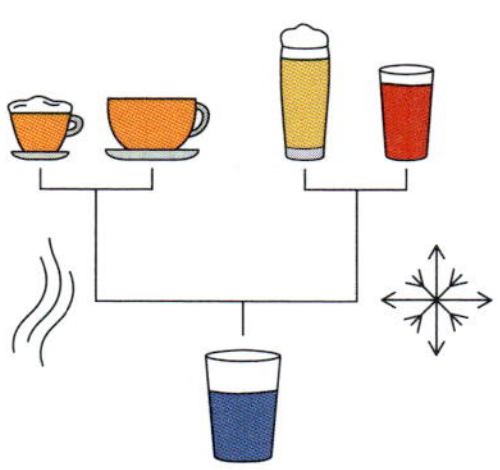

die **Warenart**
Wa·ren·art <-en>
eine Gruppe von Waren, zu der verschiedene Produkte gehören, z. B. Getränke: warme Getränke (Kaffee, Tee), kalte Getränke (Bier, Limonade, Wasser)
05.031

der **Warenausgang**
Wa·ren·aus·gang <Warenausgänge>
hier: Ware, die entweder schon aus dem Lager genommen wurde oder dafür vorbereitet wurde, aus dem Lager gebracht zu werden, z. B. weil die Produkte in der Küche gebraucht werden
05.032

der **Wareneingang**
Wa·ren·ein·gang <Wareneingänge>
hier: Ware, die entweder gerade im Lager angekommen ist oder bald ankommen soll
05.033

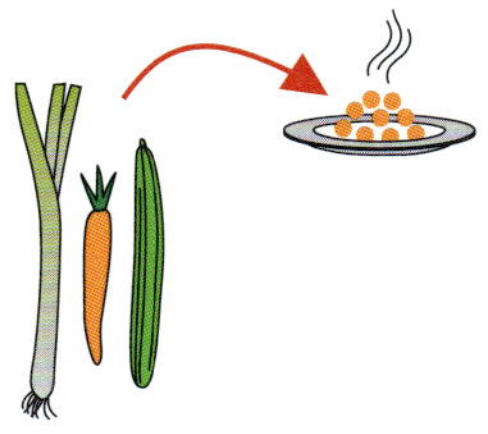

der **Wareneinsatz**
Wa·ren·ein·satz <Wareneinsätze>
die Produkte, die für das Herstellen einer Speise gebraucht werden
05.034

die **Warenlieferung**
Wa·ren·lie·fe·rung <-en>
der Transport einer Ware vom Hersteller, Händler oder Verkäufer zum Käufer
05.035

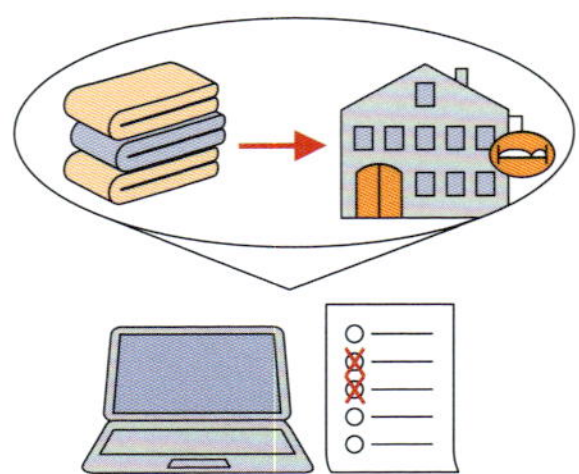

die Bedarfsermittlung

Be·darfs·er·mitt·lung <-en>
hier: verschiedene Möglichkeiten, um festzustellen, was für den täglichen Betrieb eines Restaurants oder Hotels benötigt wird, z. B. Handtücher und Wäsche
06.001

der Eigenverbrauch

Ei·gen·ver·brauch *kein Plural*
hier: der Bedarf an Material oder Lebensmitteln für das Personal eines Hotels oder Restaurants, z. B. für die Mahlzeiten
06.002

die Finanzierbarkeit

Fi·nan·zier·bar·keit *kein Plural*
hier: das Bezahlenkönnen von Dingen, die für den Betrieb gebraucht werden, ohne dass ein finanzielles Risiko entsteht, z. B. besondere Möbel
06.003

die Gewinnmaximierung

Ge·winn·ma·xi·mie·rung <-en>
die Methode, den höchstmöglichen Gewinn bei einem Handel oder einem Projekt zu erreichen
06.004

das Inventar 1

In·ven·tar <-e>
hier: das gesamte Material, das sich im Lager oder **Magazin** eines Hotels oder Restaurants befindet, z. B. Lebensmittel, Putzmittel und Wäsche
06.005

das Inventar 2

In·ven·tar <-e>
hier: eine Liste, auf der steht, was sich im Lager oder **Magazin** eines Hotels oder Restaurants befindet, z. B. Wäsche oder Handtücher
auch Inventarliste
06.006

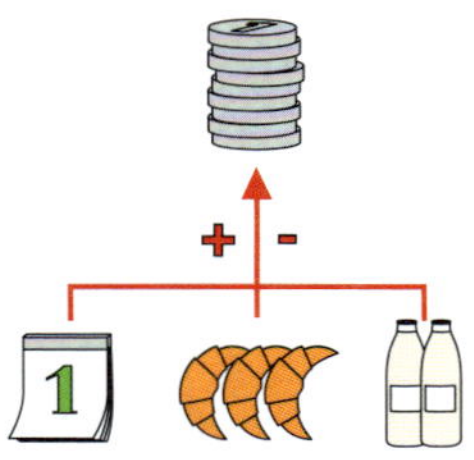

die Kalkulationsgrundlage

Kal·ku·la·ti·ons·grund·la·ge <-n>
die Informationen, mit denen Kosten berechnet werden, z. B. der tägliche Bedarf an frischen Lebensmitteln für den Einkauf
06.007

die Kostprobe

Kost·pro·be <-n>
eine kleine Portion einer Speise oder eine kleine Menge eines Getränkes, die probiert werden, um den Geschmack festzustellen
06.008

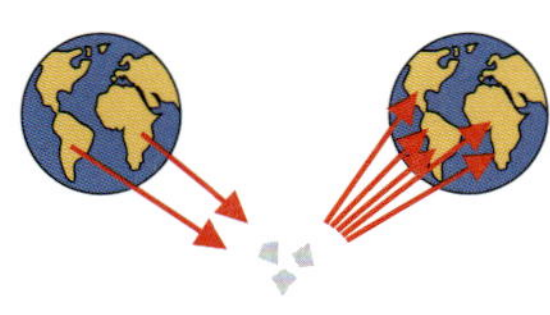

kritischer Rohstoff

kri·ti·scher Roh·stoff
ein Material, das auf der ganzen Welt gebraucht wird, aber nur in wenigen Ländern produziert wird oder in der Erde vorhanden ist, z. B. bestimmte Steine und Metalle
06.009

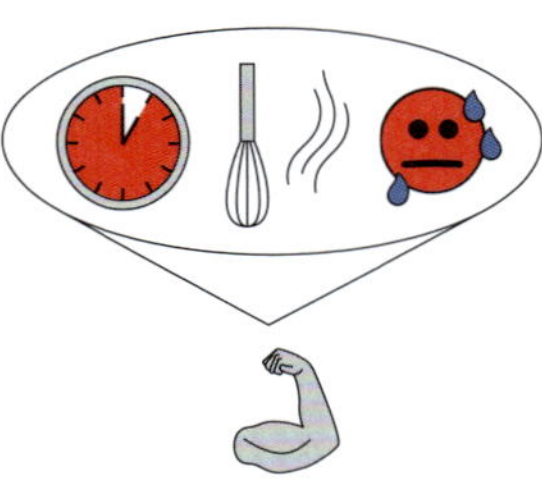

die Leistungsfähigkeit

Leis·tungs·fä·hig·keit *kein Plural*
die Kraft und Energie, mit der Menschen und Maschinen ihre Aufgaben erfüllen, z. B. den ganzen Tag in der Küche arbeiten
06.010

die Mängelrüge

Män·gel·rü·ge <-n>
hier: mündliche oder schriftliche Kritik an einer beschädigten oder schlechten Ware, z. B. an schlechtem Obst
06.011

die Marktkenntnis

Markt·kennt·nis <-se>
hier: das Wissen darüber, welche Preise für verschiedene Waren üblich sind, was gerade teuer und was billig ist und wo man bestimmte Produkte preiswert kaufen kann
06.012

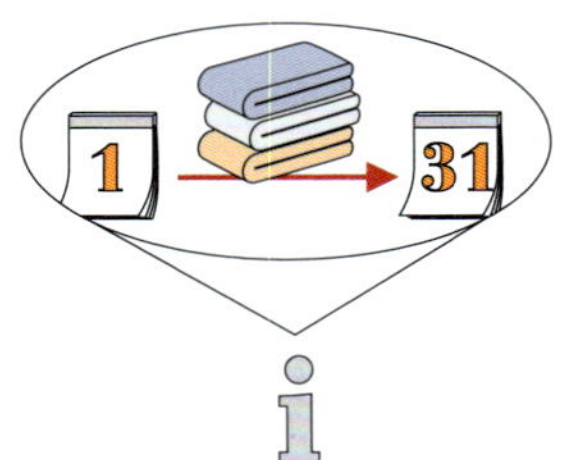

die **Materialstammdaten**
Ma·te·ri·al·stamm·da·ten *nur Plural*
hier: Informationen über die Dinge, die in einem Hotel oder Restaurant gebraucht werden, z. B. wie viele Handtücher in einem Monat benutzt werden
06.013

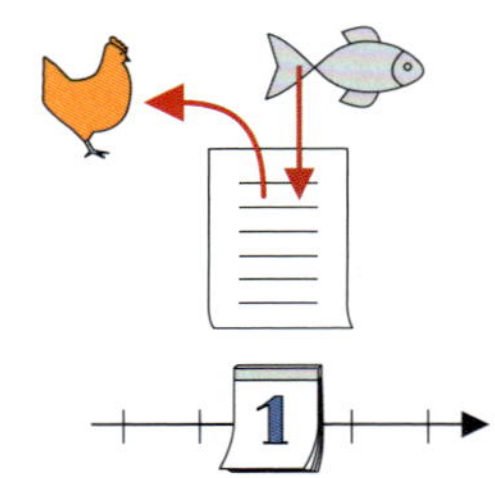

der **Stichtag**
Stich·tag <-e>
ein festgelegter Tag/Termin, an dem eine bestimmte Sache geschieht oder erledigt sein muss; z. B. wird die Speisekarte immer am 1. eines Monats geändert
06.014

die **Unversehrtheit**
Un·ver·sehrt·heit *kein Plural*
der Zustand, wenn ein Gegenstand oder eine Ware wie neu und nicht beschädigt oder kaputt ist
06.015

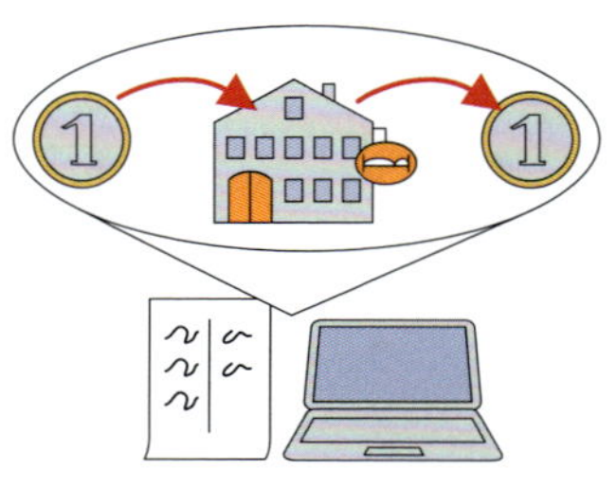

die **Verbuchung**
Ver·bu·chung <-en>
das digitale Eintragen oder Notieren von Beträgen, die ausgegeben oder an den Betrieb gezahlt wurden
06.016

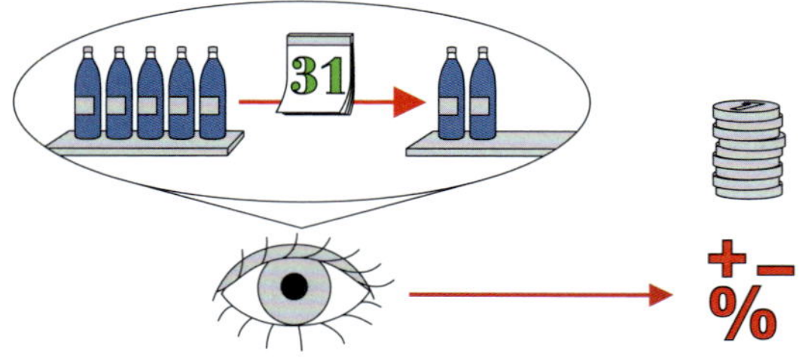

die **Wareneinsatzquote**
Wa·ren·ein·satz·quo·te <-n>
ein wichtiger Teil der Planung von Einkäufen für die Küche; erst wird kontrolliert, welche Menge eines Produktes in einem bestimmten Zeitraum verbraucht wurde, dann wird gerechnet, wie viel Geld damit verdient wurde
06.017

Verkaufsbedingungen

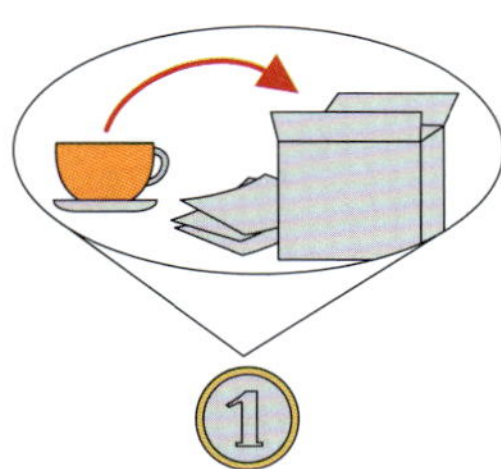

die Bezugskosten

Be·zugs·kos·ten *nur Plural*
Kosten, die z. B. entstehen, wenn eine Ware zum Schutz besonders verpackt werden muss
auch Beschaffungskosten
06.018

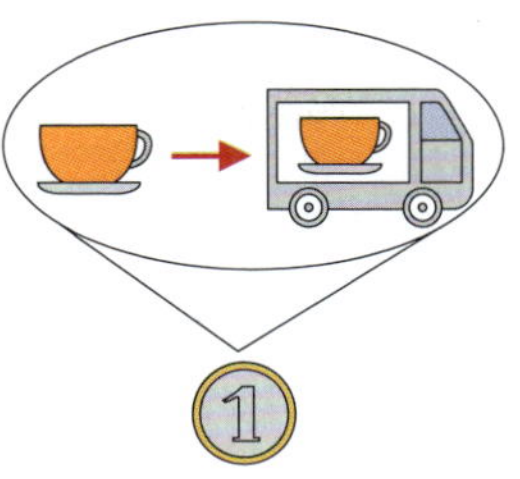

die Frachtkosten

Fracht·kos·ten *nur Plural*
das Geld, das für den Transport von Waren bezahlt werden muss
06.019

der Geschäftssitz

Ge·schäfts·sitz <-e>
der Ort, an dem sich die Firma oder der Betrieb befindet, von dem ein Hotel oder Restaurant eine Ware kauft; z. B. ein Bauernhof auf dem Land
06.020

das Image

Image <-s>
das Bild, das andere von einem Unternehmen oder Produkt haben, z. B. dass die Qualität immer sehr gut ist
06.021

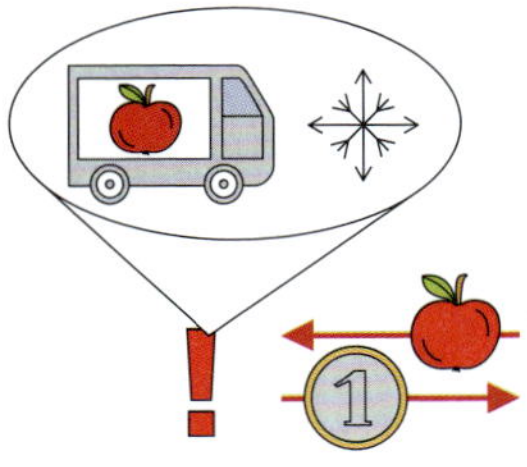

die Kondition

Kon·di·ti·on <-en>
hier: eine Bedingung, unter der jemand eine Ware kauft oder verkauft; z. B. dass die Ware während des Transportes gekühlt werden muss
06.022

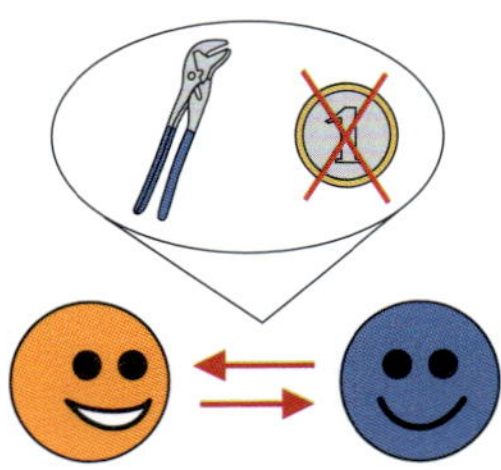

die Kulanz

Ku·lanz *kein Plural*
eine entgegenkommende Art, Geschäfte zu machen, Verhandlungen zu führen oder Probleme mit einem Geschäftspartner zu lösen; z. B. eine Reparatur erledigen, ohne Geld dafür zu nehmen
06.023

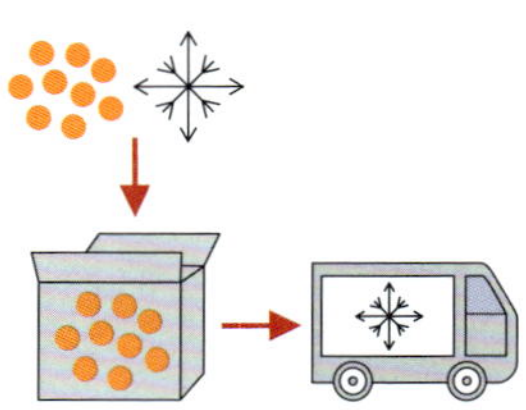

die **Liefermodalität**

Lie·fer·mo·da·li·tät <-en>

die Art, in der ein bestelltes Produkt verpackt und zum Käufer gebracht wird, z. B. gefrorene Lebensmittel

06.024

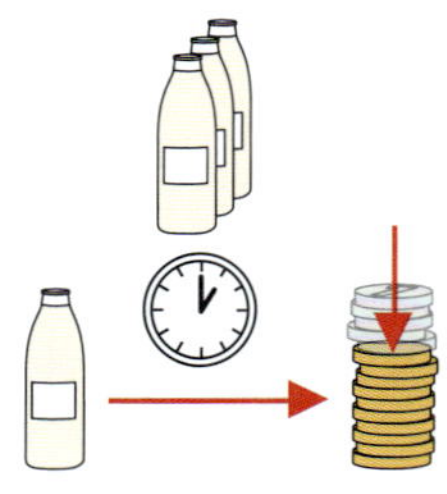

der **Rabatt**

Ra·batt <-e>

ein Betrag, um den sich der Preis einer Ware reduziert, wenn eine große Menge gekauft oder schnell bezahlt wird

06.025

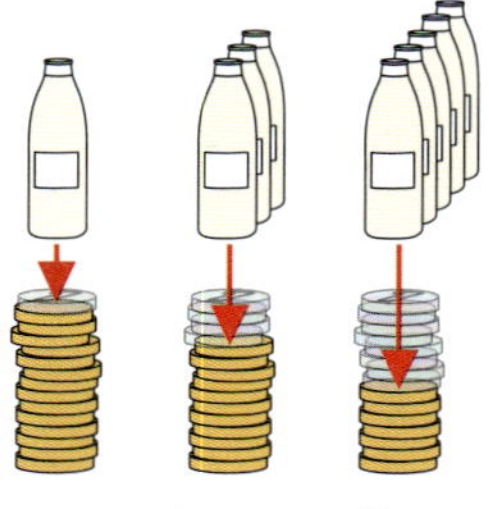

die **Rabattstaffel**

Ra·batt·staf·fel <-n>

unterschiedliche Höhen des **Rabattes**, die von der Menge der gekauften Produkte abhängen

auch Staffelrabatt

06.026

die **Serviceleistung**

Ser·vice·leis·tung <-en>

hier: eine zusätzliche Leistung, die mehr ist, als der Gast oder Kunde erwartet, z. B. dass die Schuhe geputzt werden

06.027

die **Zertifizierung**

Zer·ti·fi·zie·rung <-en>

hier: ein Beweis dafür, dass ein Produkt, ein Restaurant oder ein Hotel bestimmte Qualitäten hat, z. B. die Sterne, die Hotels bekommen

06.028

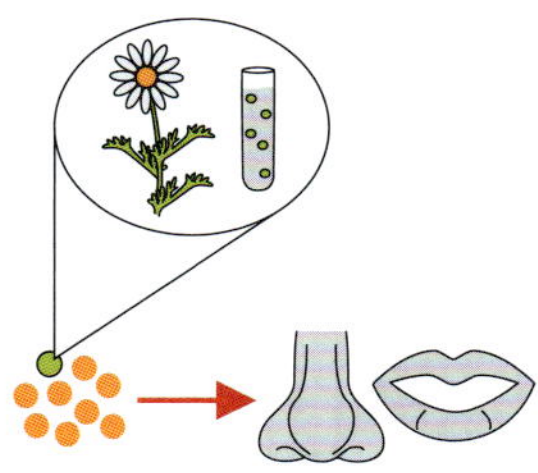

der **Aromastoff**
Aro·ma·stoff <-e>
ein natürlicher oder künstlich hergestellter Teil von Lebensmitteln, der Einfluss darauf hat, wie Speisen und Getränke riechen oder schmecken
auch Geruchsstoff, Geschmacksstoff
07.001

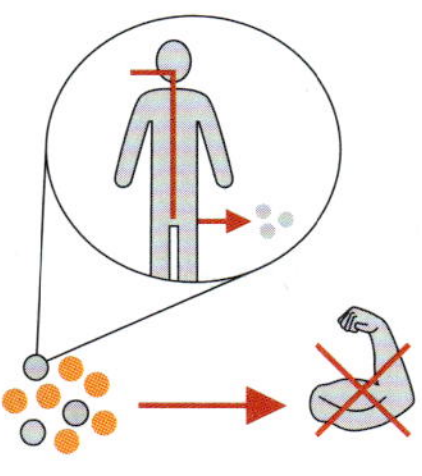

der **Ballaststoff**
Bal·last·stoff <-e>
ein Teil von Lebensmitteln; liefert keine Energie und keine Vitamine, ist aber für den Transport der Speisen durch den Körper wichtig
auch Faserstoff
07.002

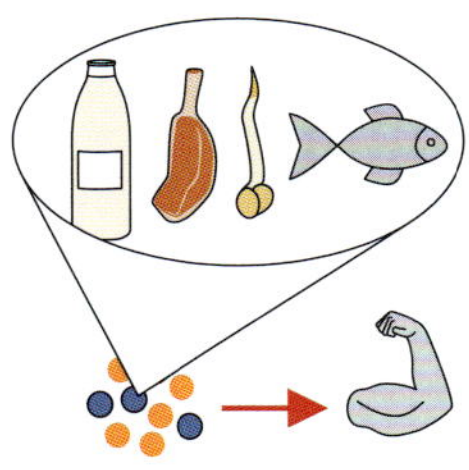

der **Baustoff**
Bau·stoff <-e>
ein spezieller Teil von Lebensmitteln, der dem Körper Energie oder Kraft für die Muskeln etc. liefert; z. B. Eiweiß aus Milch, Fleisch, Fisch oder Gemüse
07.003

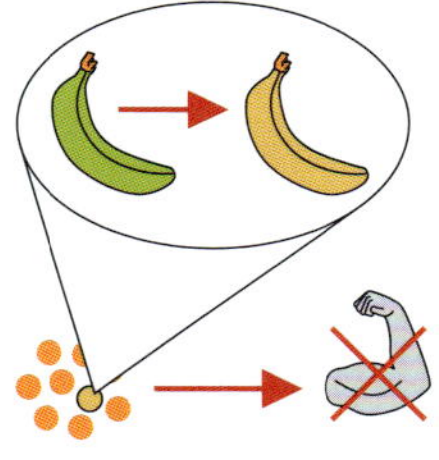

der **Begleitstoff**
Be·gleit·stoff <-e>
ein Teil von Lebensmitteln, der zwar nicht satt macht, aber zu jedem Lebensmittel gehört, z. B. die gelbe Farbe zur reifen Banane
07.004

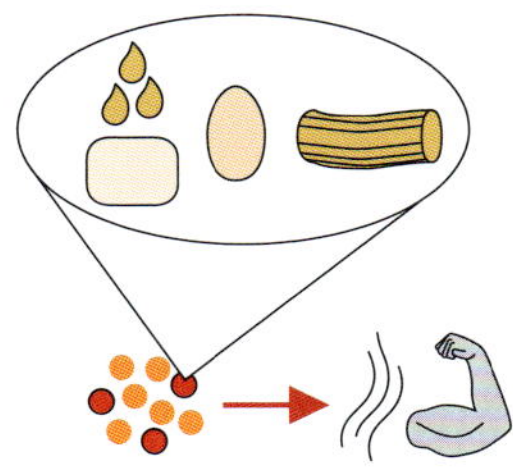

der **Energiestoff**
Ener·gie·stoff <-e>
ein Teil von vielen Lebensmitteln, der dem Körper Wärme und Kraft gibt, z. B. in Fett, Ei und Nudeln
07.005

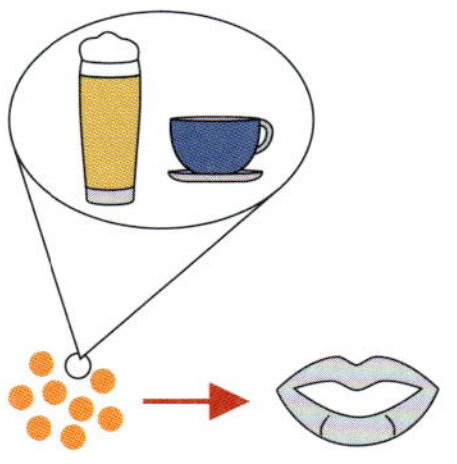

der **Genussstoff**
Ge·nuss·stoff <-e>
ein Teil von manchen Lebensmitteln, der für die Ernährung nicht wichtig ist; Menschen konsumieren diese Lebensmittel, um zu genießen, z. B. in Alkohol oder Kaffee
07.006

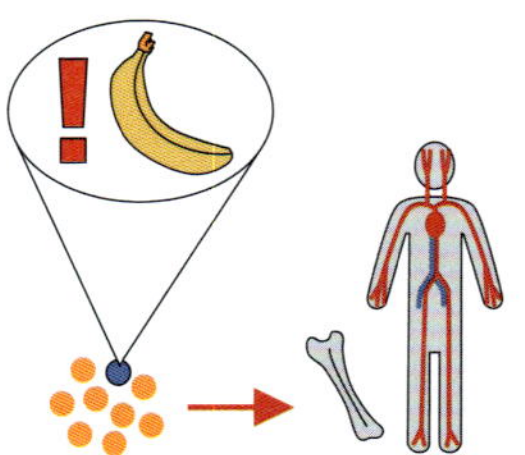

der **Mineralstoff**
Mi·ne·ral·stoff <-e>
hier: ein wichtiger Teil von einigen Nahrungsmitteln; der Körper kann ihn nicht selbst herstellen, braucht ihn z. B. für Knochen, Zähne und Blut
07.007

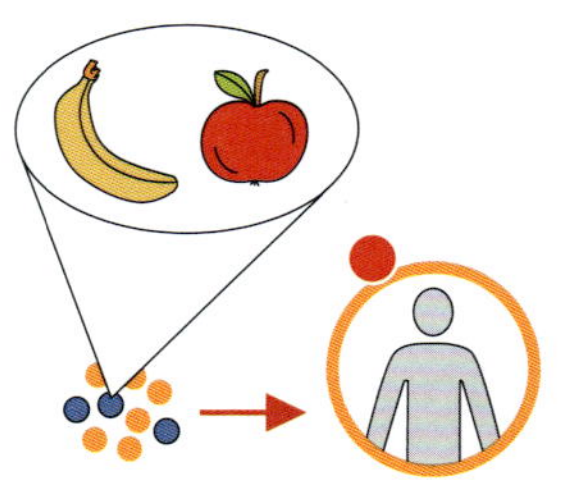

der **Nährstoff**
Nähr·stoff <-e>
ein Teil von Lebensmitteln (Vitamine, **Mineralstoffe**), der Energie liefert; der Körper schützt sich dadurch z. B. vor Krankheiten
07.008

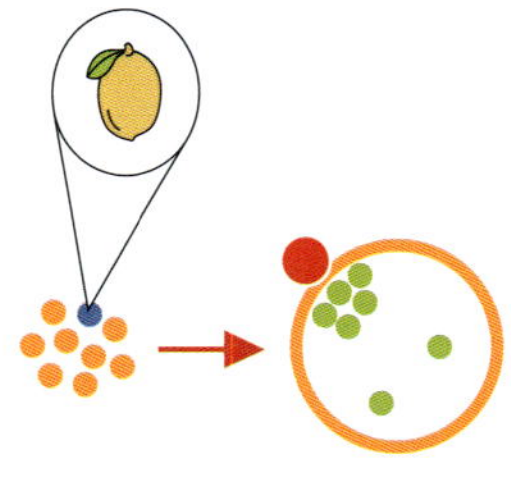

der **Reglerstoff**
Reg·ler·stoff <-e>
ein Teil von Nahrungsmitteln, den der Körper zum Schutz vor Krankheiten braucht, z. B. **Mineralstoffe** und Vitamine
07.009

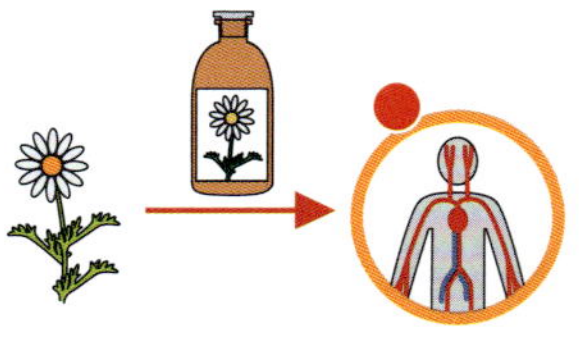

sekundärer Pflanzenstoff
se·kun·dä·rer Pflan·zen·stoff <-e> *kurz* SPS
eine chemische Verbindung, die in manchen Pflanzen entsteht, aber nicht notwendig ist, damit die Pflanze leben kann; einige Pflanzen werden deswegen für die Medizin von Menschen genutzt
auch bioaktiver Pflanzenstoff, Phytochemikalie
07.010

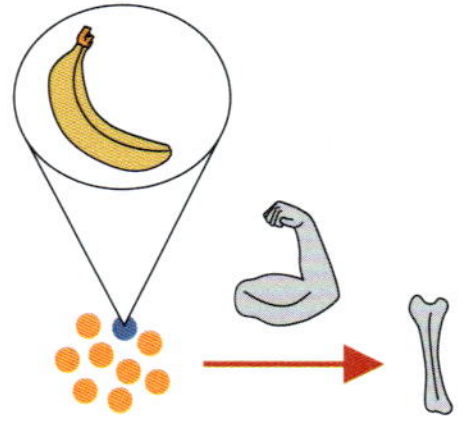

der **Wirkstoff**
Wirk·stoff <-e>
hier: der Teil eines Lebensmittels, der im Körper etwas verändert, z. B. ein **Mineralstoff** (Magnesium in Banane), der die Knochen stark macht
07.011

das **Eiweiß**

Ei·weiß <-e>
hier: eine natürliche Verbindung, die in Pflanzen und Tieren vorkommt, z. B. in Sojabohnen, Milch, Getreide, Fleisch und Eiern
auch Protein
07.012

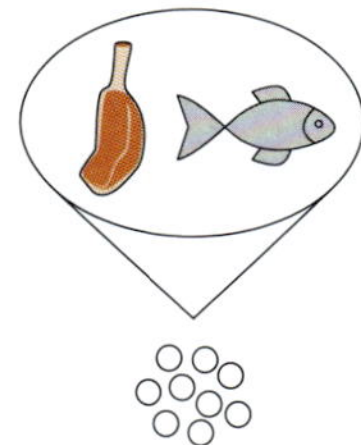

einfacher Eiweißstoff

ein·fa·cher Ei·weiß·stoff
ein **Eiweiß**, das nur aus **Aminosäure** besteht; es befindet sich besonders in Fleisch und Fisch
07.013

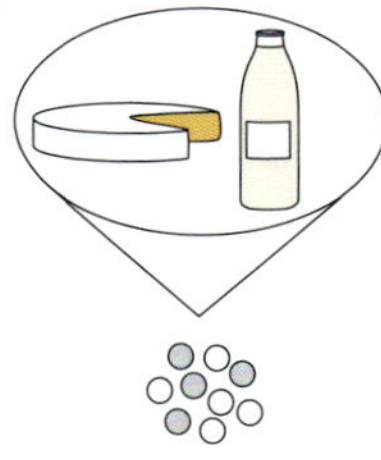

zusammengesetzter Eiweißstoff

zu·sam·men·ge·setz·ter Ei·weiß·stoff
ein **Eiweiß**, das außer **Aminosäure** noch andere Stoffe enthält; es befindet sich z. B. in Käse und Milch
07.014

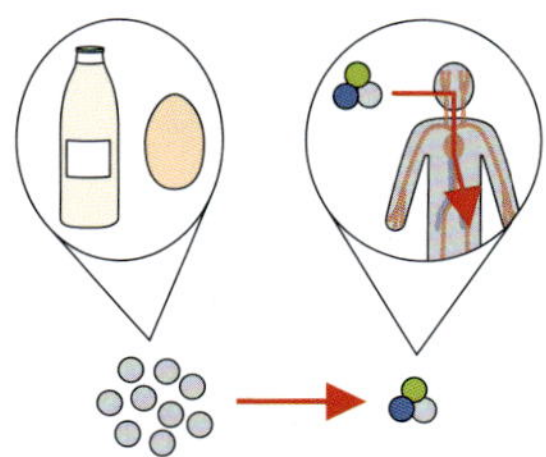

das Albumin

Al·bu·min <-e>
ein **Eiweiß**, das in Milch und Eiern vorkommt; im Blut kann dieses **Eiweiß** andere Stoffe durch den Körper dorthin transportieren, wo sie gebraucht werden, z. B. zur Leber
07.015

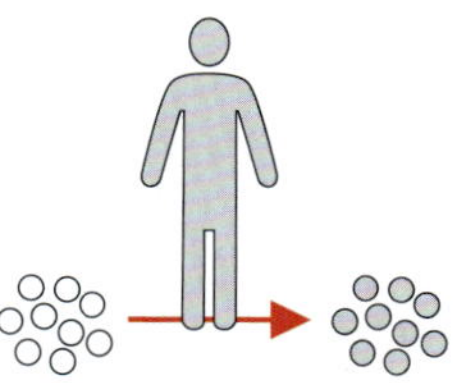

die Aminosäure

Ami·no·säu·re <-n> *kurz* AS
ein Stoff, aus dem im Körper **Eiweiß** entsteht
07.016

Fett

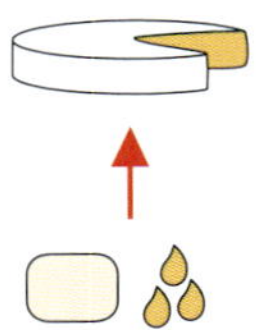

das **Begleitfett**
Be·gleit·fett <-e>
Fett, das man nicht sehen kann, z. B. in fettem Käse
07.017

das **Brat- und Kochfett**
Brat- und Koch·fett <-e>
Fett von Tieren oder Pflanzen, das sehr heiß gemacht werden kann, z. B. Sonnenblumenöl oder Butterschmalz
07.018

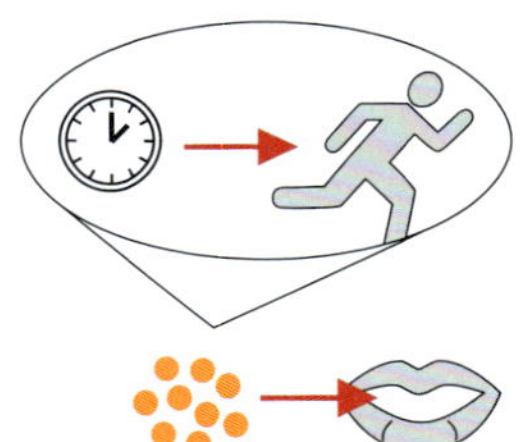

die **Energiereserve**
Ener·gie·re·ser·ve <-n>
hier: Fett, das der Körper durch Essen bekommt, aber nicht sofort braucht, sondern für später speichert
07.019

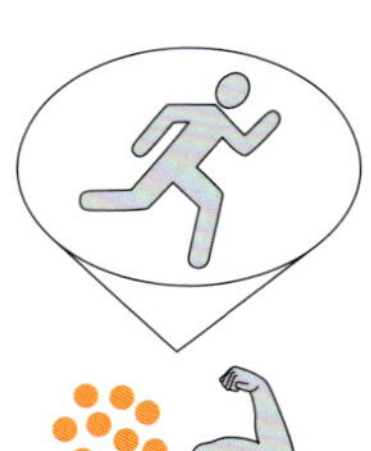

der **Energieverbrauch**
Ener·gie·ver·brauch *kein Plural*
hier: die Energie, die ein Mensch verbraucht; z. B. wenn er sich beim Sport anstrengt
07.020

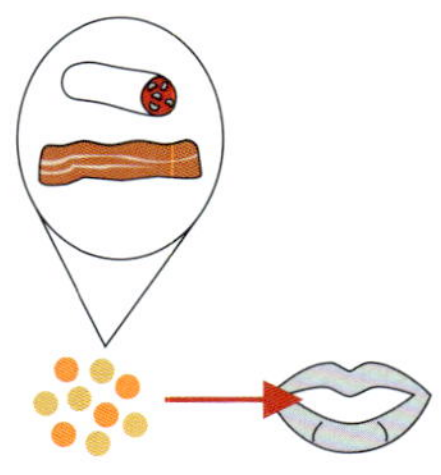

die **Fettaufnahme**
Fett·auf·nah·me *kein Plural*
das Konsumieren von Fett in Nahrungsmitteln, z. B. in Wurst
07.021

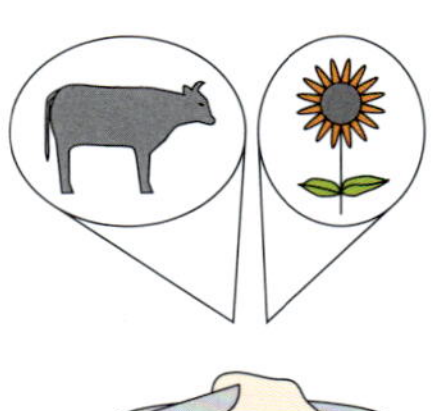

das **Streichfett**
Streich·fett <-e>
ein Fett, das aus Tier oder Pflanze hergestellt werden kann; bei Zimmertemperatur ist es weich, z. B. Butter und Margarine
07.022

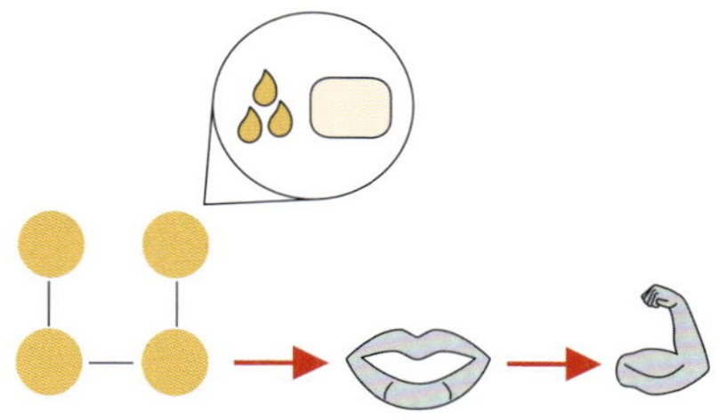

die Fettsäure

Fett·säure <-n>

eine chemische Verbindung, die z. B. in Öl enthalten ist; sie kommt mit dem Essen in den Körper und wird dort zu Energie gemacht

07.023

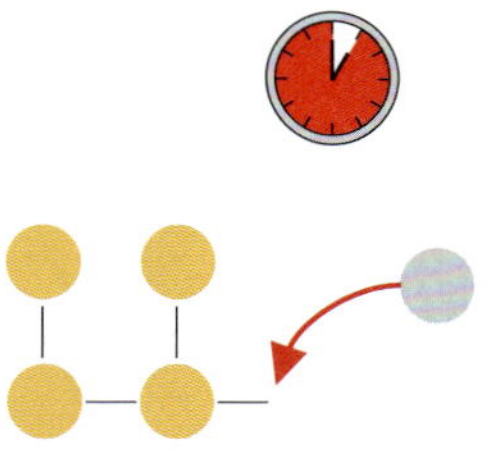

gesättigte Fettsäure

ge·sät·tig·te Fett·säu·re

eine chemische Verbindung, die nur sehr langsam Verbindungen mit anderen Stoffen eingeht

07.024

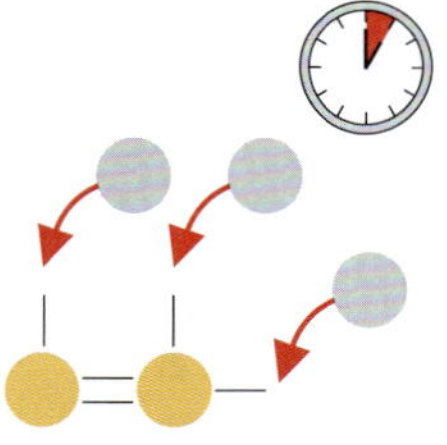

ungesättigte Fettsäure

un·ge·sät·tig·te Fett·säu·re

eine chemische Verbindung, die sich leicht mit anderen Stoffen verbindet

07.025

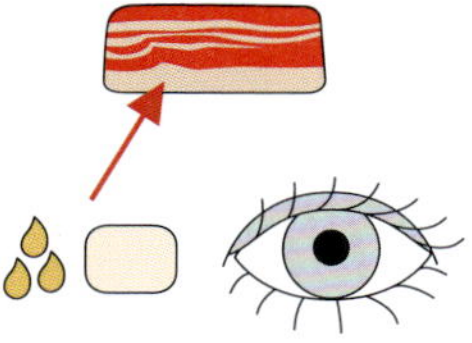

sichtbares Fett

sicht·ba·res Fett

Fett, das an einem Nahrungsmittel zu sehen ist, z. B. Fettrand am Fleisch

07.026

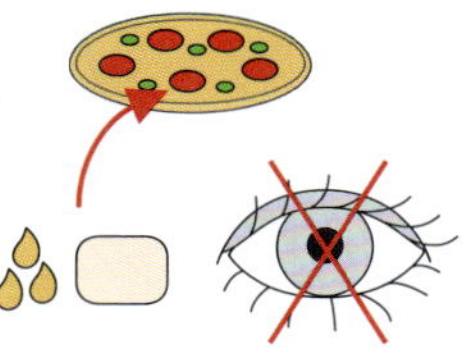

verborgenes Fett

ver·bor·ge·nes Fett

Fett, das sich in einem gekochten oder gebratenen Essen befindet und mit dem Auge nicht zu erkennen ist, z. B. in der Pizza

auch versteckte Fett

07.027

Vitamine

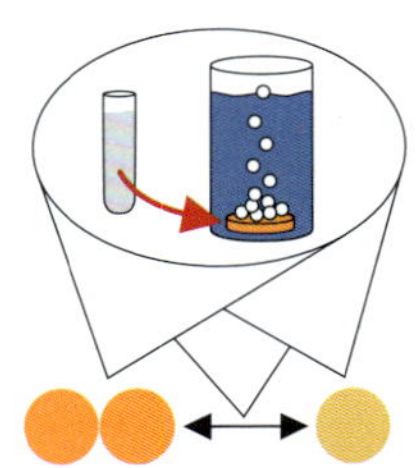

chemische Beschaffenheit

che·mische Be·schaf·fen·heit

hier: die Menge der einzelnen Zutaten und der Zusammenhang, der zwischen den verschiedenen Stoffen eines künstlich hergestellten Vitamins besteht

07.028

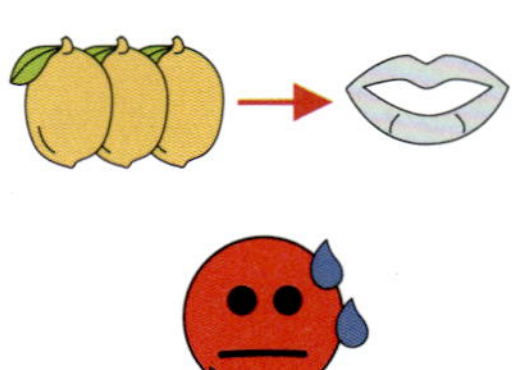

erhöhter Bedarf

er·höh·ter Be·darf

hier: ein Zustand, in dem jemand mehr Vitamine braucht als normalerweise, z. B. während einer Krankheit

07.029

die Mangelerscheinung

Man·gel·er·schei·nung <-en>

ein Zeichen dafür, dass dem Körper etwas Wichtiges fehlt; z. B. die Haare fallen aus, weil Vitamine fehlen

07.030

der Nahrungsbestandteil

Nah·rungs·be·stand·teil <-e>

ein Stoff, der in einem bestimmten Lebensmittel oder einer Speise ist, z. B. ein Vitamin oder **Mineralstoff**

07.031

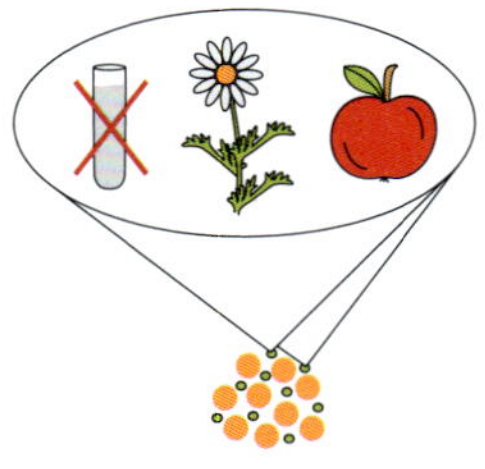

natürliche Vitaminquelle

na·tür·li·che Vi·ta·min·quel·le

ein Nahrungsmittel, das keine künstlichen, sondern natürliche Vitamine enthält, z. B. ein Apfel

07.032

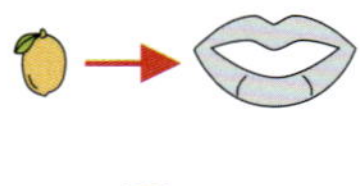

die Unterversorgung

Un·ter·ver·sor·gung <-en>

hier: die Situation, in der jemand weniger Vitamine konsumiert, als er braucht

07.033

Zucker und Stärke

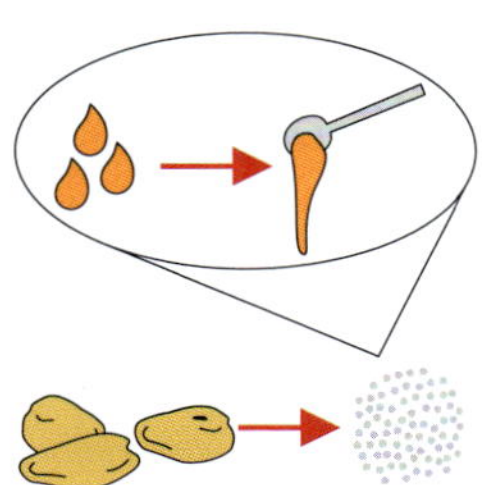

das **Dextrin**
Dex·trin <-e>
ein Stoff, der z. B. aus Kartoffel**stärke** hergestellt wird; Saucen werden damit dicker gemacht
auch Maltodextrin
07.034

der **Einfachzucker**
Ein·fach·zu·cker <->
eine Art von Zucker, die z. B. in Obst vorkommt
auch Monosaccharid
07.035

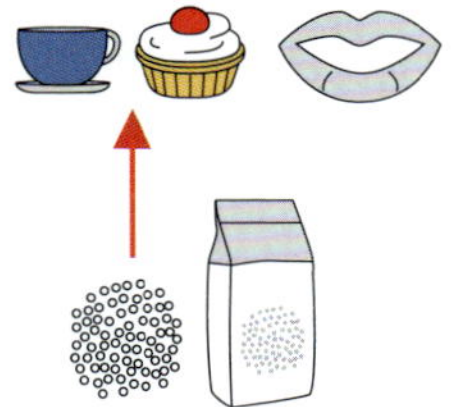

der **Gebrauchszucker**
Ge·brauchs·zu·cker <->
der Zucker, der aus vielen kleinen weißen Teilen besteht; macht Speisen und Getränke süß
07.036

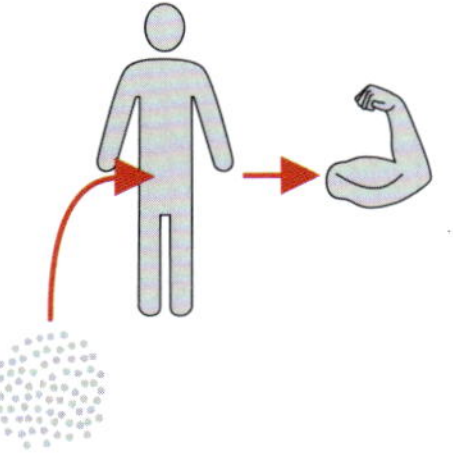

das **Glykogen**
Gly·ko·gen *kein Plural*
eine spezielle Art Zucker, der im Körper gespeichert werden kann und besonders den Muskeln Energie gibt
07.037

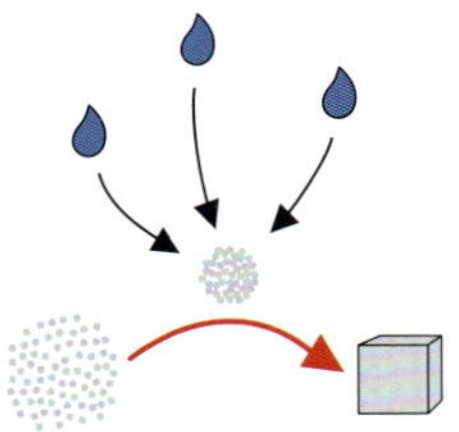

hygroskopisch
hy·gro·sko·pisch
so sind Stoffe, die Feuchtigkeit aus der Luft ziehen und aufnehmen können; z. B. Zucker, es entstehen kleine und größere feste Zuckerstücke
07.038

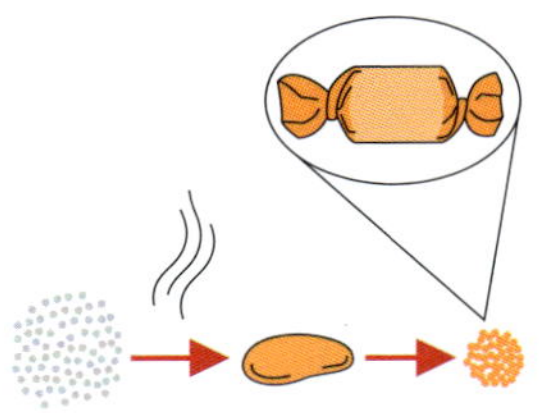

das **Karamell**
Ka·ra·mell <-e>
Zucker, durch Hitze erst flüssig und braun, dann wieder fest geworden; dient als Grundlage für Bonbons
07.039

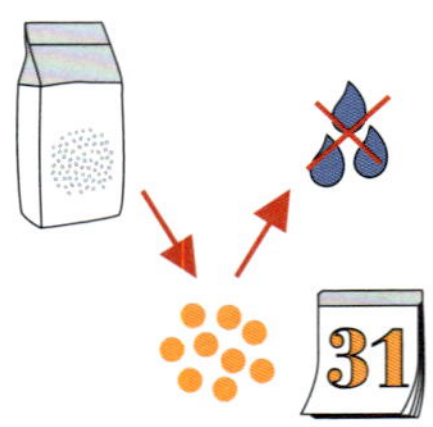

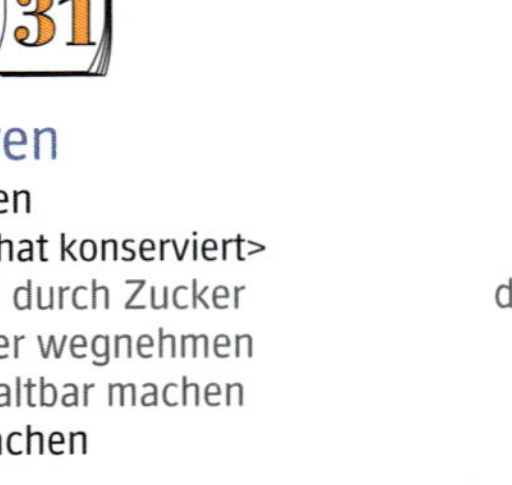

konservieren

kon·ser·vie·ren
<konserviert, konservierte, hat konserviert>
hier: einem Lebensmittel durch Zucker die Flüssigkeit/das Wasser wegnehmen und es dadurch länger haltbar machen
auch haltbar machen
07.040

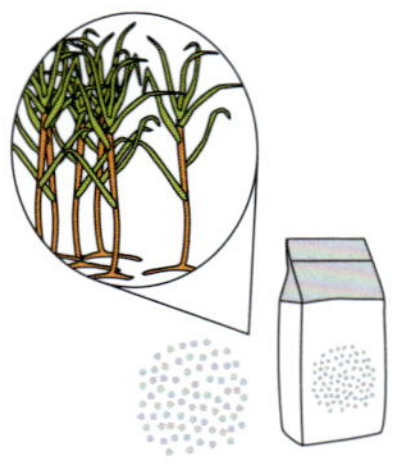

der Rohrzucker

Rohr·zu·cker *kein Plural*
Zucker für den Haushalt, der aus einer Pflanze hergestellt wird; diese Pflanze heißt Zuckerrohr
07.041

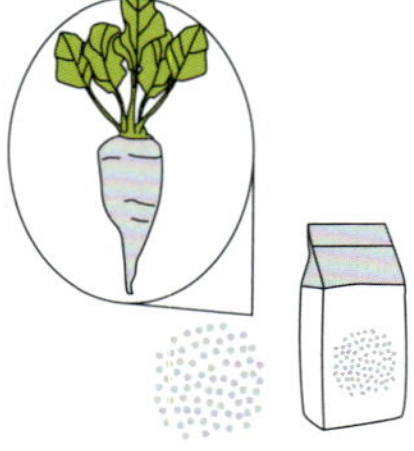

der Rübenzucker

Rü·ben·zu·cker *kein Plural*
Zucker für den Haushalt; er wird aus einer Pflanze mit dem Namen Zuckerrübe hergestellt; chemisch besteht kein Unterschied zu **Rohrzucker**
07.042

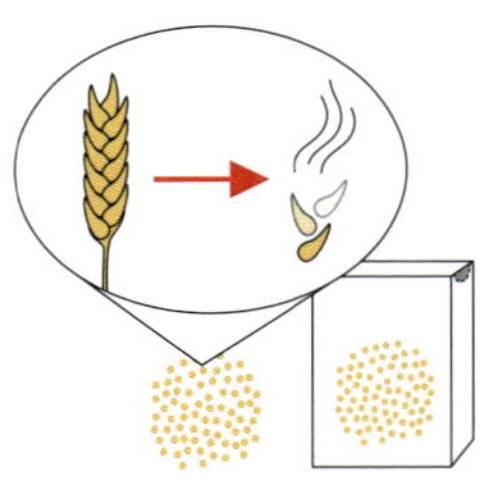

die Stärke

Stär·ke <-n>
ein Mittel, das vor allem zum Backen und Kochen benutzt wird; es entsteht in Pflanzen, wird getrocknet und sieht ähnlich aus wie Mehl
07.043

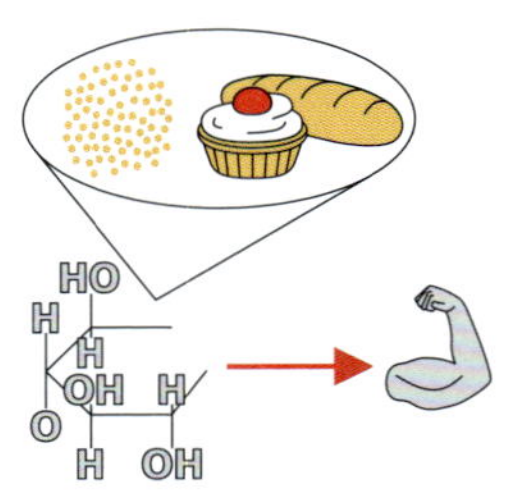

der Vielfachzucker

Viel·fach·zu·cker <->
eine chemische Verbindung, die als **Stärke** in Nahrungsmitteln vorkommt und dem Körper Energie gibt
auch Glykan, Polyose, Polysaccharid
07.044

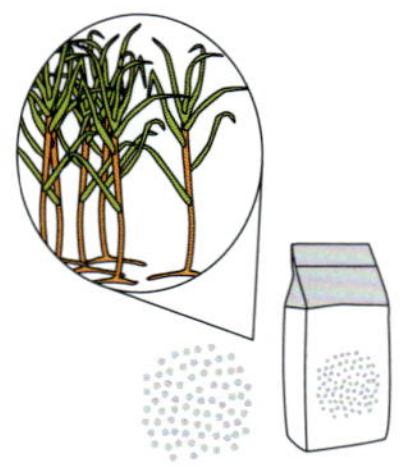

der Zweifachzucker

Zwei·fach·zu·cker <->
eine Art des Zuckers, wie er im Haushalt verwendet wird, z. B. **Rohrzucker**
auch Disaccharid
07.045

die **Arbeitsgestaltung**
Ar·beits·ge·stal·tung *kein Plural*
hier: die Organisation der einzelnen Arbeiten in der Küche, damit jeder weiß, was er zu tun hat, z. B. welche Töpfe/Pfannen gespült werden sollen
08.001

das **Augenmaß**
Au·gen·maß *kein Plural*
hier: ein Blick, mit dem eine Menge geschätzt wird; damit kann man die Menge einer Zutat bestimmen, ohne vorher zu wiegen, z. B. von Gewürzen, Salz oder Zucker
08.002

das **Ausgangsmaterial**
Aus·gangs·ma·te·ri·al <-ien>
hier: ein Produkt, das erst gemischt mit Wasser oder einer anderen Flüssigkeit konsumiert werden kann; z. B. getrocknete Milch, getrocknete Kartoffeln
08.003

der **Einheitsgeschmack**
Ein·heits·ge·schmack *kein Plural*
hier: der Geschmack, der entsteht, wenn für verschiedene Produkte die gleichen künstlichen Aromen verwendet werden, z. B. bei manchen Desserts
08.004

die **Eigenfertigung**
Ei·gen·fer·ti·gung <-en>
hier: das Herstellen von Produkten in der eigenen Küche, z. B. selbst gemachte Nudeln
08.005

die **Fremdfertigung**
Fremd·fer·ti·gung <-en>
hier: das Herstellen von Produkten in einem Betrieb/einer Fabrik, die später für die Küche eines Restaurants oder Hotels gekauft und dort verwendet werden, z. B. Nudeln aus der Fabrik
08.006

die **Formgebung**
Form·ge·bung <-en>
hier: das Herstellen von Produkten mit bestimmten Formen, z. B. bei Gebäck
08.007

das **Fritteusenprodukt**
Frit·teu·sen·pro·dukt <-e>
meist gefrorene Ware, die in sehr heißem Fett in der Pfanne oder einem speziellen Topf **frittiert** wird; z. B. Pommes frites
08.008

die **Frostware**
Frost·wa·re <-n>
hier: vor allem gefrorene Tiere oder Teile von Tieren; z. B. Fisch oder Fleisch
08.009

der **Herstellungsvorgang**
Her·stel·lungs·vor·gang <Herstellungsvorgänge>
hier: die Summe der einzelnen Schritte, die notwendig sind, um aus Lebensmitteln eine Speise zu machen
08.010

die **Komponente**
Kom·po·nen·te <-n>
hier: die einzelnen Teile einer ganzen Mahlzeit; z. B. Huhn, Kartoffeln, Gemüse
08.011

das **Rohprodukt**
Roh·pro·dukt <-e>
hier: nicht zubereitete Lebensmittel; z. B. Gemüse
auch Rohware
08.012

der **Teig** ①
Teig <-e>
eine flüssige oder weiche Mischung aus verschiedenen Zutaten, die gebacken wird; z. B. ein Brot aus Mehl, Zucker, Eiern und Milch
08.013

der **Teig** ②
Teig <-e>
hier: eine Mischung aus kleinen oder klein geschnittenen Zutaten, die zu einer Menge gemacht, danach geformt und gebacken wird; kann salzig oder süß sein, z. B. ein Kuchen aus verschiedenen Früchten
08.014

das **Trockenprodukt** ①
Tro·cken·pro·dukt <-e>
ein Lebensmittel, aus dem das Wasser durch Trocknen gezogen wurde, damit es länger haltbar ist; z. B. getrocknetes Obst
08.015

das **Trockenprodukt** ②
Tro·cken·pro·dukt <-e>
ein Lebensmittel, das wenig Wasser enthält; z. B. Mehl oder Reis
08.016

Verwendung offen
Ver·wen·dung of·fen
ein Ausdruck dafür, dass ein Lebensmittel nicht für ein bestimmtes Gericht gekauft wurde, sondern für verschiedene Speisen benutzt werden kann, z. B. Fisch zum Braten oder Kochen
08.017

die **Vorproduktion**
Vor·pro·duk·ti·on <-en>
hier: das Herstellen von fertigen Speisen, bevor sie gebraucht werden, z. B. Dessert ein paar Stunden bevor es serviert wird
08.018

Betriebswirtschaftliche Überlegungen

die **Betriebswirtschaftslehre**
Be·triebs·wirt·schafts·leh·re *kein Plural kurz* BWL
eine Wissenschaft, deren Thema die finanzielle Organisation und Führung ist, z. B. wie günstig eingekauft wird
08.019

die **Einsparung**
Ein·spa·rung <-en>
das sparsame Verwenden z. B. von Geld, sodass weniger verbraucht wird als vorher
08.020

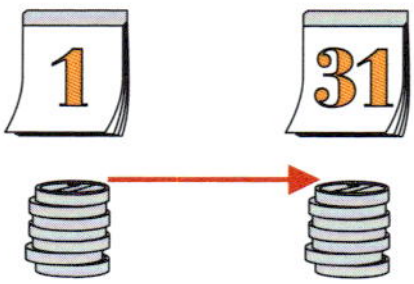

der **Fixpreis**
Fix·preis <-e>
ein festgelegter Preis, der für einen bestimmten Zeitraum gleich bleibt
auch Festpreis
08.021

die **Kapazität**
Ka·pa·zi·tät <-en>
hier: die Menge an Räumen, Personal, Werkzeug und Maschinen, die für bestimmte Aufgaben in einer bestimmten Zeit genutzt werden kann
08.022

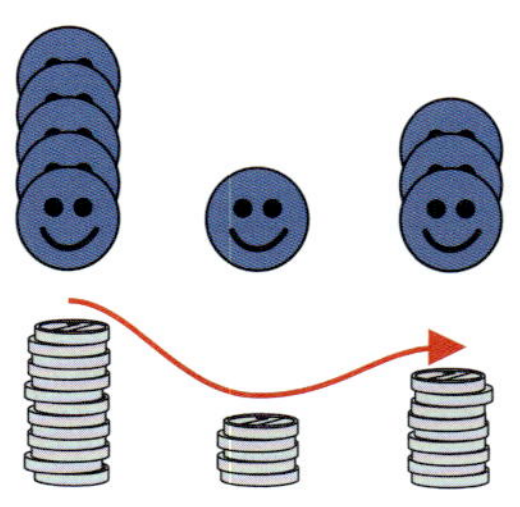

die **Preisschwankung**
Preis·schwan·kung <-en>
das Fallen und Steigen eines Preises; z. B. höhere Preise, wenn die Nachfrage größer ist als das Angebot
08.023

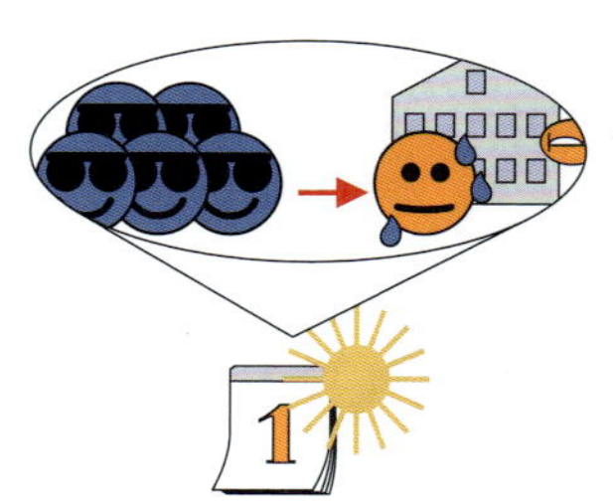

saisonal bedingte Arbeitsspitze
sai·so·nal be·ding·te Ar·beits·spit·ze
hier: eine Zeit, in der durch viele Gäste im Hotel mehr gearbeitet werden muss als sonst, z. B. in den Schulferien
08.024

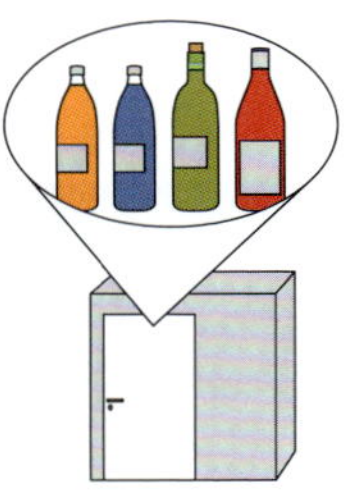

das Sortiment
Sor·ti·ment <-e>
hier: das Angebot von Waren und Produkten im Lager einer Küche; z. B. Getränke
08.025

die Verfügbarkeit
Ver·füg·bar·keit <-en>
hier: das Maß dafür, welche und wie viele Produkte der Koch für seine Arbeit benutzen kann, z. B. verschiedene Fette wie Butter, Margarine und Öl zum Braten
08.026

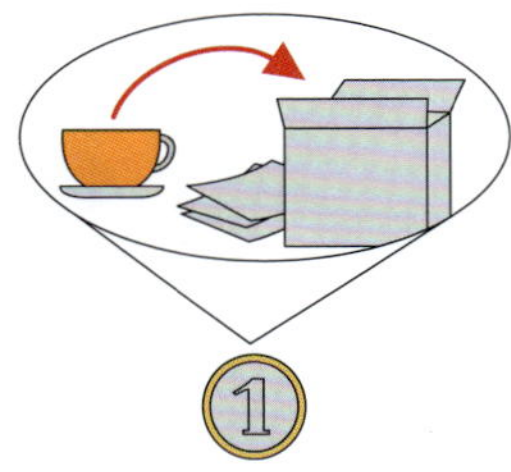

der Wareneinstandspreis
Wa·ren·ein·stands·preis <-e>
kurz Einstandspreis
der Preis, den das Hotel oder Restaurant für eine Ware bezahlen muss, einschließlich der Kosten für Verpackung und Transport
auch Bezugspreis
08.027

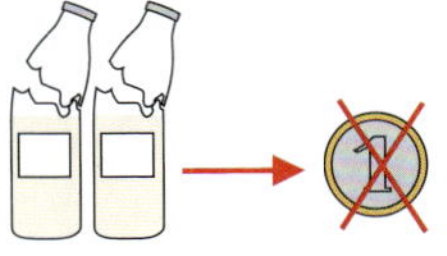

der Warenverlust
Wa·ren·ver·lust <-e>
der finanzielle Verlust, der entsteht, wenn Waren kaputtgehen oder Produkte schlecht werden
08.028

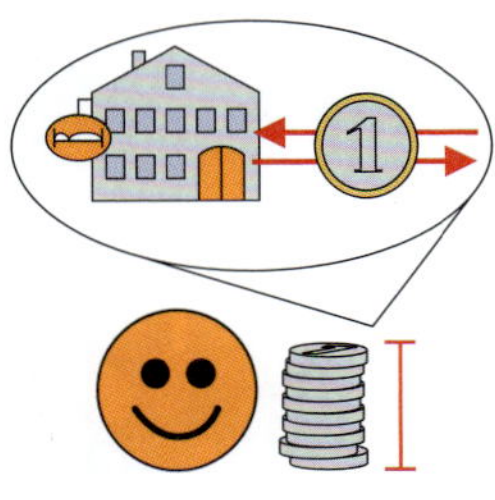

die Wirtschaftlichkeit
Wirt·schaft·lich·keit *kein Plural*
ein Maß dafür, ob ein Betrieb so arbeitet, dass mehr Geld verdient als ausgegeben wird
auch Rentabilität
08.029

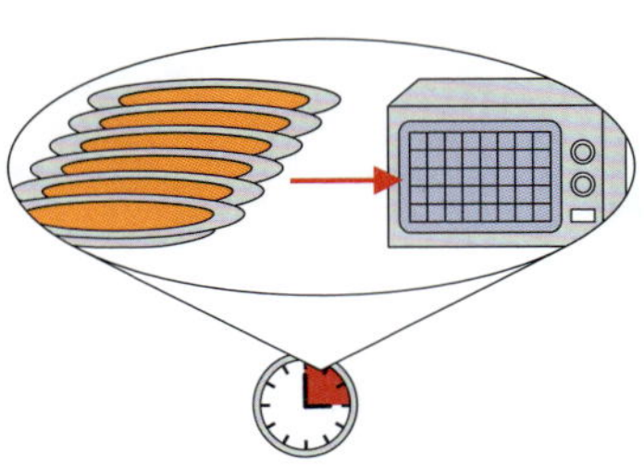

die Zeitersparnis
Zeit·er·spar·nis <-se>
hier: die Zeit, die in der Küche gespart wird, wenn die Arbeit besser organisiert oder wenn schneller gearbeitet wird, wenn Maschinen eingesetzt oder fertige Produkte (**Convenience-Food**) verwendet werden
08.030

Convenience-Food – bequemes Essen

die **Fertigungsstufe**
Fer·ti·gungs·stu·fe <-n>
hier: jeder Schritt vom rohen Produkt bis zur fertigen Speise
auch Conveniencegrad
08.031

küchenfertig
kü·chen·fer·tig
so ist ein Lebensmittel, das vor dem Zubereiten nur noch Gewürze braucht oder in Portionen geschnitten werden muss, z. B. Fleisch
08.032

garfertig
gar·fer·tig
so ist ein Lebensmittel, das fertig vorbereitet ist und nur noch gekocht oder gebraten werden muss, z. B. gewaschenes und geschnittenes Gemüse
08.033

aufbereitfertig
auf·be·reit·fer·tig
so ist ein Produkt, das mit Wasser gemischt zu einer Speise wird, z. B. wird ein Würfel aus getrockneten Zutaten mit Wasser zu einer Suppe
08.034

regenerierfertig
re·ge·ne·rier·fer·tig
so ist eine Speise, die vor dem Essen nur noch warm oder heiß gemacht werden muss, z. B. eine Speise aus Nudeln, Käse und Tomatensauce, die nur noch in den heißen Ofen gestellt wird
08.035

tischfertig
tisch·fer·tig
so sind Speisen und Getränke, die sofort gegessen oder getrunken werden können, z. B. fertige Salate oder Frucht- und Gemüsesäfte
auch servierfertig, verzehrfertig
08.036

der **Ablauf**

Ab·lauf <Abläufe>

hier: das Loch im Spülbecken (Waschbecken), in das Wasser und andere Flüssigkeiten fließen

auch Abfluss, Ausguss

09.001

der **Abschnitt**

Ab·schnitt <-e>

hier: alles, was vor dem Zubereiten von Gemüse abgeschnitten wird; z. B. schlechte Stellen oder Teile, die nicht gegessen werden können

09.002

die **Bearbeitung**

Be·ar·bei·tung <-en>

hier: z.B. das Kochen oder Braten von geschnittenen und vorbereiteten Lebensmitteln wie Fisch oder Fleisch

09.003

die **Behandlung**

Be·hand·lung <-en>

hier: die Vorbereitung von Lebensmitteln, bevor sie gekocht, gebraten oder roh gegessen werden, z. B. mit Gewürzen

09.004

die **Grundfertigkeit**

Grund·fer·tig·keit <-en>

hier: eine Fähigkeit, die jeder haben muss, der Lebensmittel zubereiten möchte; z. B. das Messer beim Schneiden richtig zu halten

09.005

die **Messerklinge**

Mes·ser·klin·ge <-n> *kurz* Klinge

der Teil des Messers, mit dem man schneidet

09.006

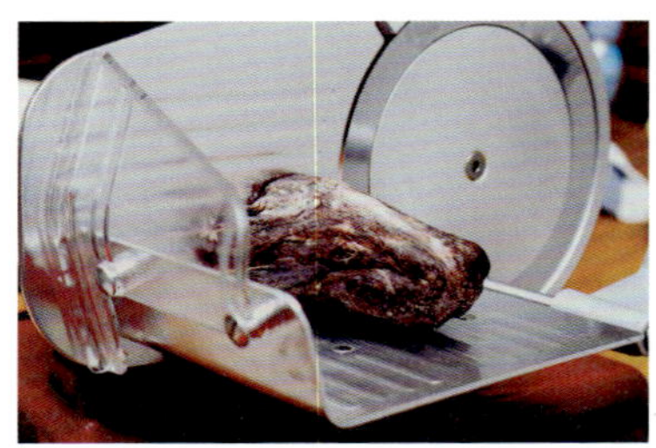

die **Messerscheibe**

Mes·ser·schei·be <-n>

ein rundes, sehr scharfes Messer, das Teil von Maschinen zum Schneiden ist (Aufschnittmaschine), z. B. für Wurst oder Käse

09.007

die **Randschicht**

Rand·schicht <-en>

die Haut von Obst und Gemüse; manchmal kann man sie essen, manchmal muss sie entfernt werden, z. B. bei einem Apfel

auch Schale

09.008

der **Rückstand**

Rück·stand <Rückstände>

hier: Schmutz, der nach dem Waschen immer noch auf dem Obst oder Gemüse ist

09.009

der **Saucenansatz**

Sau·cen·an·satz <Saucenansätze> *kurz* Ansatz

die Grundlage für eine Sauce, hergestellt aus der Kochflüssigkeit oder dem Bratfett eines Lebensmittels

09.010

die **Schnittform**

Schnitt·form <-en>

hier: eine bestimmte Form, die das Gemüse durch das Schneiden bekommt; z. B. kleine viereckige Stücke

09.011

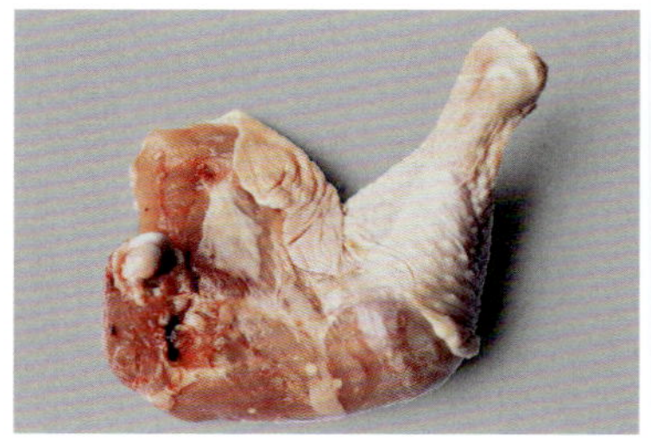

unerwünschter Stoff

un·er·wünsch·ter Stoff

hier: Blut oder kleine Reste von Haut, die am Fleisch kleben, obwohl es schon gewaschen ist

09.012

die **Veränderung**
Ver·än·de·rung <-en>
hier: das Entstehen eines anderen Geschmackes oder Aussehens von Lebensmitteln, wenn sie gekocht oder gebraten werden, z. B. wird die Haut (Schale) von manchen Tieren aus dem Meer rot
09.013

die **Verfärbung**
Ver·fär·bung <-en>
hier: die Änderung der Farbe von geschnittenem hellem Obst oder Gemüse, wenn Luft darankommt
auch enzymatische Bräunung
09.014

Verkürzung der Kochzeit
Ver·kür·zung der Koch·zeit
hier: das Reduzieren der Zeit, die ein Lebensmittel gekocht werden muss, indem man große Stücke in mehrere kleine Stücke schneidet
09.015

die **Verunreinigung**
Ver·un·rei·ni·gung <-en>
hier: Erde und/oder nicht sichtbare chemische Stoffe, die sich an Obst und Gemüse befinden, bevor es gewaschen wird
09.016

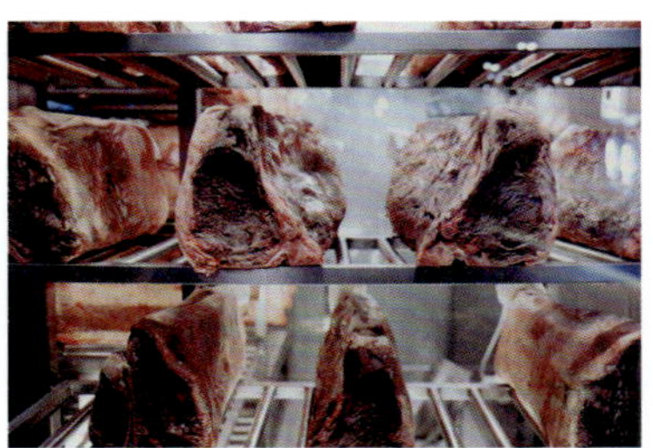

die **Vorratshaltung**
Vor·rats·hal·tung <-en>
das Lagern von frischen und länger haltbaren Produkten, sodass immer alles da ist, was zum Herstellen der Speisen benötigt wird, z. B. Reis, Mehl, Konserven, gefrorene Lebensmittel
09.017

der **Waschvorgang**
Wasch·vor·gang <Waschvorgänge>
hier: das gründliche Waschen von Lebensmitteln, bevor sie zubereitet werden
09.018

Gemüse und Pilze

der **Pilz** 1
Pilz <-e>
ein Lebewesen; die Frucht des Pilzes, die oft im Wald aus der Erde wächst; einige Pilze kann man essen, viele sind giftig
09.019

der **Pilz** 2
Pilz <-e>
ein **Schimmelpilz**, der nicht giftig ist; sein intensiver Geschmack ist typisch für speziellen Käse, z. B. Blauschimmelkäse
09.020

der **Schimmelpilz**
Schim·mel·pilz <-e>
hier: ein schädlicher **Pilz**, der meist auf Lebensmitteln lebt, die dann nicht mehr gegessen werden dürfen, z. B. auf Brot
09.021

die **Rohkost**
Roh·kost *kein Plural*
eine Speise aus rohen Pflanzen, oft Gemüse
09.022

das **Wurzelgemüse**
Wur·zel·ge·mü·se <->
ein Ausdruck für bestimmte Arten von Gemüse; der Teil, den man essen kann, wächst meist unter der Erde
auch Wurzelwerk, Wurzelzeug
09.023

Tätigkeiten in der Küche

abwällen
ab·wäl·len
<wällt ab, wällte ab, hat abgewällt>
Lebensmittel, meist Gemüse, sehr kurz in kochendes Wasser legen
auch blanchieren
09.024

kombinieren
kom·bi·nie·ren
<kombiniert, kombinierte, hat kombiniert>
hier: Gewürze oder Zutaten in der richtigen Menge so zusammenstellen oder mischen, dass die Speise gut schmeckt
09.025

konzentrieren
kon·zen·trie·ren
<konzentriert, konzentrierte, hat konzentriert>
hier: eine Flüssigkeit so lange kochen, bis sie dick wird und intensiv nach ihren Grundlagen und Gewürzen schmeckt, z. B. um eine Sauce herzustellen
auch eindicken, einkochen, reduzieren
09.026

mahlen
mah·len
<mahlt, mahlte, hat gemahlt>
hier: Getreide, Kerne oder Gewürze mit einem speziellen Gerät (Mühle) sehr klein oder so fein wie Mehl machen, z. B. Pfeffer, Salz
09.027

pürieren
pü·rie·ren <püriert, pürierte, hat püriert>
Stücke von festen Lebensmitteln mit einem speziellen Gerät (Pürierstab) zu einer feinen, weichen Menge machen, z. B. Kartoffeln oder Gemüse
09.028

zerreiben
zer·rei·ben <zerreibt, zerrieb, hat zerrieben>
hier: frische oder getrocknete Blätter, Kräuter und Gewürze mit den Händen oder einem speziellen Gerät sehr klein machen
09.029

besondere Note
be·son·de·re No·te
hier: ein spezieller Geschmack durch ein Gewürz oder eine ungewöhnliche Dekoration, die die Speise besonders macht
10.001

der Bratsatz
Brat·satz <Bratsätze>
der Rest von Fett, eventuell auch Gemüse und Fleisch, der im Topf oder in der Pfanne zurückbleibt, wenn etwas gebraten wurde
auch Bratensatz
10.002

die Flüssigkeitsbeigabe
Flüs·sig·keits·bei·ga·be <-n>
hier: Flüssigkeit, die während des Kochens in den Topf getan wird, z. B. Fleischsuppe (Brühe) für Sauce
10.003

das Gefüge
Ge·fü·ge <->
hier: die Art, wie eng oder fest Blätter von bestimmten Gemüsen zusammenwachsen, z. B. bei einigen Kohlköpfen
10.004

das Gemenge
Ge·men·ge
hier: verschiedene Zutaten so gemischt, dass man die einzelnen Zutaten noch erkennen kann, z. B. Reis und Gemüse
10.005

das Grundmaterial
Grund·ma·te·ri·al <-ien>
hier: ein Lebensmittel oder Gewürz, das häufig in der Küche gebraucht wird; z. B. Fett zum Kochen und Braten
10.006

das **Grundrezept**

Grund·re·zept <-e>

eine einfache Anleitung, wie eine Speise zubereitet wird; diese Anleitung kann durch mehr oder feinere Zutaten geändert werden, z. B. Pfannkuchen süß oder salzig mit Obst oder Gemüse

10.007

die **Portionsscheibe**

Por·ti·ons·schei·be <-n>

das oft runde oder eckige, flach geschnittene Stück einer Speise, z. B. von Rindfleisch, aber auch von Käse etc.

10.008

die **Verdunstung**

Ver·duns·tung <-en>

hier: das, was geschieht, wenn eine Flüssigkeit durch Wärme oder Hitze zu Gas wird, z. B. wenn Wasser kocht

10.009

verzehrfertiges Stück

ver·zehr·fer·ti·ges Stück

ein Teil einer Speise, der so zubereitet ist, dass er sofort gegessen werden kann; z. B. ein Stück gebratenes Fleisch

10.010

die **Zubereitungsart**

Zu·be·rei·tungs·art <-en>

eine von verschiedenen Möglichkeiten, aus bestimmten Lebensmitteln eine Speise herzustellen; z. B. das Kochen einer Gemüsesuppe

10.011

die **Zubereitungsreihe**

Zu·be·rei·tungs·rei·he <-n>

die Reihenfolge der verschiedenen Dinge, die – eines nach dem anderen – getan werden müssen, damit aus Lebensmitteln eine Speise wird, z. B. bei Pizza

10.012

garen – backen, braten, grillen, kochen

die **Garbedingung**

Gar·be·din·gung <-en>

eine Voraussetzung, unter der eine Speise mit Wärme so zubereitet wird, dass sie gegessen werden kann, z. B. Fleisch in einer offenen Pfanne braten

10.013

das **Gargerät**

Gar·ge·rät <-e>

ein Gerät, mit dem man Speisen backen, braten, kochen oder grillen kann; z. B. Herd, Ofen, Grill

10.014

das **Gargeschirr**

Gar·ge·schirr <-e>

Töpfe, Pfannen und Formen, in denen Lebensmittel gebacken, gekocht, gebraten oder gegrillt werden

10.015

das **Gargut**

Gar·gut <Gargüter>

ein oder mehrere Lebensmittel, die mit Hilfe von Hitze zu Speisen gemacht werden; z. B. Huhn für Hühnersuppe

10.016

der **Garraum**

Gar·raum <Garräume>

das Innere eines Topfes oder einer Pfanne; dort werden Lebensmittel gekocht oder gebraten

10.017

der **Garverlauf**

Gar·ver·lauf <Garverläufe>

die unterschiedlichen Zustände eines Lebensmittels während der Zubereitung, bis es fertig ist und gegessen werden kann, z. B. von Fleisch in einem Backofen

10.018

das Garverfahren

Gar·ver·fah·ren <->
die Methode, mit der ein rohes Lebensmittel zu einer Speise gemacht wird
10.019

das Backen

Ba·cken
das Zubereiten von Lebensmitteln ohne zusätzliches Fett in einem warmen oder heißen Ofen, z. B. Brot, Gebäck, Kuchen
10.020

das Braten

Bra·ten
das Zubereiten eines Lebensmittels mit Fett und Hitze in der Pfanne oder im Ofen, z. B. Fisch
10.021

das Dämpfen

Dämp·fen
das Zubereiten eines Lebensmittels mithilfe der heißen Luft von kochendem Wasser (Dampf)
auch Dampfgaren
10.022

das Druckgaren

Druck·ga·ren
das Kochen eines Lebensmittels in einem speziellen fest geschlossenen Topf; im Topf entsteht große Hitze durch Druck, dadurch wird die Zeit des Kochens (Garzeit) kürzer
auch Schnellkochen
10.023

das Dünsten

Düns·ten
das Zubereiten eines Lebensmittels in einem geschlossenen Topf oder einer geschlossenen Pfanne mit wenig Flüssigkeit und/oder Fett
10.024

das Frittieren

Frit·tie·ren
das Zubereiten eines Lebensmittels, das in sehr heißem Fett schwimmt
auch Ausbacken
10.025

das **Garziehen**
Gar·zie·hen
das Zubereiten eines Lebensmittels in viel heißer Flüssigkeit; das Lebensmittel muss schwimmen, die Flüssigkeit darf nicht **kochen**, z. B. Fisch, Ei
auch Pochieren
10.026

das **Grillen**
Gril·len
das Zubereiten eines Lebensmittels über oder unter einem elektrischen Grill, auf verschiedenen Arten von Feuer oder auf einem heißen Stein
auch Grillieren
10.027

das **Kochen**
Ko·chen
hier: das Zubereiten von Lebensmitteln in einer Flüssigkeit, die eine Temperatur von mindestens 100° hat, z. B. Kartoffeln, Nudeln
10.028

das **Rösten**
Rös·ten
das Zubereiten eines Lebensmittels, indem man es in einer Pfanne oder im Ofen mit oder ohne Fett durch Hitze braun werden lässt, z. B. Brotwürfel
auch Toasten
10.029

das **Schmoren**
Schmo·ren
das langsame Zubereiten von zuerst kurz gebratenem Fleisch in einer Form oder einem Topf mit wenig Flüssigkeit, z. B. Schmorbraten
10.030

das **Sieden**
Sie·den
das Zubereiten von Lebensmitteln in einer sehr heißen Flüssigkeit, die aber nicht kochen darf, z. B. Lamm oder Siedfleisch (Rindfleisch)
10.031

Grundtechniken in der Küche

ablöschen

ab·lö·schen

<löscht ab, löschte ab, hat abgelöscht>

Reste vom Braten, die an der Pfanne oder dem Topf kleben, mit Flüssigkeit lösen

auch deglacieren, loskochen, losbraten

10.032

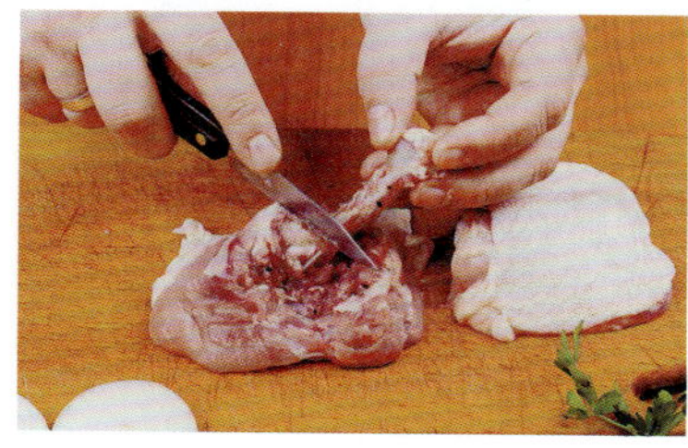

ablösen

ab·lö·sen

<löst ab, löste ab, hat abgelöst>

hier: Fleisch von einem Knochen entfernen

auch ausbeinen

10.033

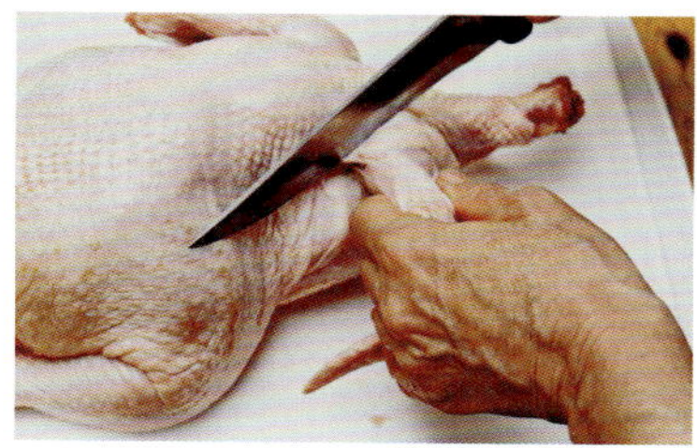

abschlagen

ab·schla·gen

<schlägt ab, schlug ab, hat abgeschlagen>

hier: die Flügel eines Huhnes von der Brust lösen

10.034

abschmecken

ab·schme·cken

<schmeckt ab, schmeckte ab, hat abgeschmeckt>

den Geschmack einer Speise mit einer kleinen Portion testen und eventuell mit Gewürzen ändern

10.035

abschütten

ab·schüt·ten

<schüttet ab, schüttete ab, hat abgeschüttet>

Wasser von einem Lebensmittel trennen, z. B. nach dem Kochen von Nudeln

auch abgießen

10.036

abspitzen

ab·spit·zen

<spitzt ab, spitzte ab, hat abgespitzt>

die Endstücke von Gemüse abschneiden, z. B. von Bohnen

10.037

auslegen

aus·le·gen

<legt aus, legte aus, hat ausgelegt>

hier: Gemüse und Gemüseblätter auf den Boden und entlang des Randes einer Form legen, sodass das **Gargut** später auf den Blättern liegt

10.038

beigeben

bei·ge·ben

<gibt bei, gab bei, hat beigegeben>

hier: eine Speise oder eine Sauce durch etwas ergänzen, z. B. durch Flüssigkeit

10.039

bestreichen

be·strei·chen

<bestreicht, bestrich, hat bestrichen>

hier: Öl oder anderes Fett auf ein Stück Fleisch oder Fisch geben, damit es beim **Braten** nicht trocken wird

10.040

bestreuen

be·streu·en

<bestreut, bestreute, hat bestreut>

hier: Gewürze auf eine Speise geben, z. B. auf Fleisch

10.041

umhüllen

um·hül·len

<umhüllt, umhüllte, hat umhüllt>

hier: Blätter von Gemüse (Kohl) um kleine Rollen aus Hackfleisch legen

10.042

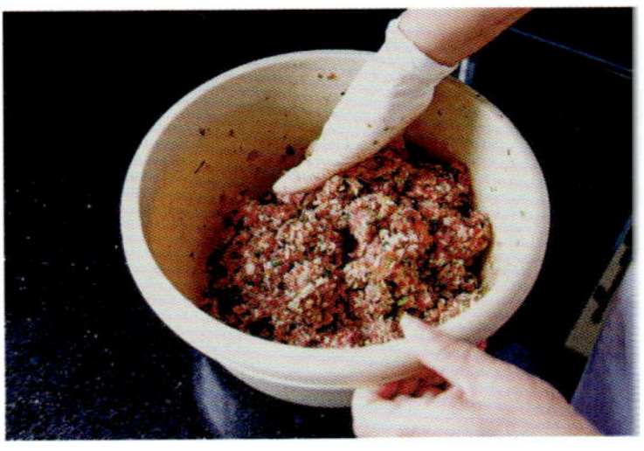

vermengen

ver·men·gen

<vermengt, vermengte, hat vermengt>

verschiedene Zutaten zusammenmischen, z. B. Hackfleisch mit Gewürzen und/oder Kräutern

10.043

anrichten
an·rich·ten
<richtet an, richtete an, hat angerichtet>
hier: die verschiedenen Teile einer Speise so auf einen sauberen Teller geben, dass es schön aussieht
11.001

bewerten
be·wer·ten
<bewertet, bewertete, hat bewertet>
hier: sagen, wie die Qualität und das Aussehen einer Speise sind, z. B. „der Obstsalat ist bunt und frisch"
11.002

die **Gegenstandsbeschreibung**
Ge·gen·stands·be·schrei·bung <-en>
hier: die Erklärung für einen Gast, was an einer Speise besonders gut ist, z .B. „Kräuter und Salate sind frisch aus unserem eigenen Garten"
11.003

die **Vorgangsbeschreibung**
Vor·gangs·be·schrei·bung <-en>
hier: die Erklärung für Mitarbeiter in der Küche, wie und mit welchen Zutaten eine bestimmte Speise zubereitet werden soll, z. B. Gulasch
11.004

hauseigenes Rezept
haus·ei·ge·nes Re·zept
eine spezielle Anleitung für das Zubereiten einer Speise; besondere Zutaten oder Gewürze hat der Koch sich selbst überlegt, z. B. frische Erdbeeren mit Rucola
11.005

die **Konsistenz**
Kon·sis·tenz <-en>
hier: die Art, wie eine Speise ist, z. B. weich, fest, zäh oder flüssig, wie ein Dessert, das außen fest und innen flüssig ist
auch Beschaffenheit
11.006

Anrichten von Speisen

die **Anrichteweise**
An·rich·te·wei·se <-n>
hier: eine feste Regel, nach der die verschiedenen Teile einer Speise auf einem Teller geordnet werden müssen; links oben Kartoffeln, Reis oder Nudeln, rechts oben Gemüse, unten Fleisch oder Fisch
11.007

ansprechendes Aussehen
an·spre·chen·des Aus·se·hen
hier: das angenehme Aussehen, eine schöne Art der Präsentation einer Speise z. B. ein Teller, der nicht zu voll ist
11.008

das **Farbenspiel**
Far·ben·spiel <-e>
hier: die Mischung der Farben des Gemüses
11.009

die **Garnierung**
Gar·nie·rung <-en>
die Dekoration, mit der eine Speise hübsch präsentiert wird, z. B. mit Kräutern
11.010

die **Rosette**
Ro·set·te <-n>
hier: die Form einer Rose aus Butter und Gewürzen; damit werden Speisen dekoriert, z. B. ein Steak
11.011

der **Sahnetupfer**
Sah·ne·tup·fer <->
eine Dekoration aus Schlagsahne auf einer Speise, z. B. auf einer Suppe
11.012

Bewerten von Speisen

der Arbeitsaufwand
Ar·beits·auf·wand <Arbeitsaufwände>
die Mühe, die jemand hat oder sich gibt, um eine Aufgabe zu erledigen, z. B. einen besonderen Kuchen für eine Hochzeit zu backen
11.013

das Benotungssystem
Be·no·tungs·sys·tem <-e>
hier: Ordnung und Regeln, nach denen Noten für Qualität, Geschmack und Präsentation von Speisen gegeben werden
11.014

das Eignungsprofil
Eig·nungs·pro·fil <-e>
hier: eine Grafik, um festzustellen, ob bestimmte Speisen für Veranstaltungen geeignet sind, z. B. ob sie gut zu transportieren, gut zu präsentieren oder lange haltbar sind
11.015

der Genuss
Ge·nuss <Genüsse>
hier: das Vergnügen, das eine gut gelungene Speise beim Essen bereitet
11.016

der Rangplatz
Rang·platz <Rangplätze>
hier: der Platz, den eine Speise im Vergleich mit der Konkurrenz hat
11.017

die Skala
Ska·la <Skalen>
hier: ein System, in das eingetragen wird, wie stark eine Eigenschaft bei einer Speise vorhanden ist, z. B. gar nicht, wenig, stark, sehr stark
11.018

Beschreiben von Speisen

ausdruckslos

aus·drucks·los

<ausdrucksloser, am ausdruckslosesten>

hier: so ist der Geschmack einer Speise, die kaum Gewürze enthält, z. B. bei einer Diät für einen kranken Magen

11.019

ausgeprägt

aus·ge·prägt

<ausgeprägter, am ausgeprägtesten>

hier: so ist der Geschmack einer Speise oder eines Gewürzes, wenn er deutlich zu schmecken ist, obwohl viele andere Zutaten verwendet wurden, z. B. Paprika in Gulasch

11.020

dezent

de·zent

<dezenter, am dezentesten>

hier: so ist der Geschmack einer Zutat oder eines Gewürzes, wenn man es ein bisschen, aber nicht sehr stark schmecken kann, z. B. Olivenöl auf einer Vorspeise

11.021

fremd

fremd

<fremder, am fremdesten>

hier: so ist der Geschmack einer Speise oder einer Zutat, die man in einem bestimmten Gericht nicht erwartet, z. B. Koriander

11.022

gehaltvoll

ge·halt·voll

<gehaltvoller, am gehaltvollsten>

so sind eine Speise und ein Geschmack, wenn sie kräftig sind und wirken, z. B. eine Sauce mit Sahne

11.023

edelbitter

edel·bit·ter

so ist eine Schokolade, die einen hohen Anteil von Kakao und weniger Zucker enthält

auch feinherb, halbbitter, zartbitter

11.024

die **Auffüllarbeit**
Auf·füll·ar·beit <-en>
hier: eine Arbeit des Personals; fehlende Gegenstände oder Lebensmittel in der Küche oder im Gastraum werden ersetzt, z. B. Geschirr und Wäsche für den Service
12.001

der **Außer-Haus-Verkauf**
Au·ßer-Haus-Ver·kauf <Außer-Haus-Verkäufe>
der Verkauf mit oder ohne Lieferung von Speisen und Getränken, die nicht im Restaurant oder Hotel konsumiert werden, z. B. Pizza
12.002

das **Ausgabefenster**
Aus·ga·be·fens·ter <->
hier: ein Fenster, durch das der Kunde Speisen und Getränke nehmen kann
12.003

die **Ausrüstung**
Aus·rüs·tung <-en>
hier: das Werkzeug oder die Gegenstände, die die Mitarbeiter im Service immer bei sich haben sollten, z. B. ein Korkenzieher für Profis
12.004

die **Bestuhlung**
Be·stuh·lung <-en>
die Art und Ordnung, in der mehrere Stühle und/oder Bänke in einem Raum oder auf einem Platz stehen, z. B. in einem Restaurant
12.005

die **Bewegungsrichtung**
Be·we·gungs·rich·tung <-en>
hier: die Richtung, in der Speisen und Getränke vor den Gast auf den Tisch gestellt werden
12.006

der **Bezahlvorgang**

Be·zahl·vor·gang <Bezahlvorgänge>
hier: das Erstellen und Bezahlen einer Rechnung in einem Restaurant oder Hotel; das kann mit Kasse und Kreditkarte elektronisch oder handgeschrieben und mit Bargeld geschehen

▶ 12.007

einsetzen

ein·set·zen <setzt ein, setzte ein, hat eingesetzt>
hier: Geschirr und Speisen in einer bestimmten Art auf den Tisch stellen, z. B. am Gast vorbei von rechts nach links

▶ 12.008

das **Gästeaufkommen**

Gäs·te·auf·kom·men <->
hier: die Anzahl oder Menge der Gäste, die ein Hotel, Lokal oder Restaurant besuchen

▶ 12.009

die **Gastronomie**

Gas·tro·no·mie *kein Plural*
ein Ausdruck für alle Betriebe, die Gästen Speisen und/oder Getränke anbieten z. B. Restaurants, Cafés, Bars

▶ 12.010

das **Gedeck**

Ge·deck <-e>
hier: die spezielle Auswahl und Ordnung von Geschirr, Gläsern und Besteck für eine bestimmte Speise oder ein Menü

▶ 12.011

die **Gemeinschaftsverpflegung**

Ge·mein·schafts·ver·pfle·gung <-en>
hier: eine spezielle Form der **Gastronomie**; angeboten werden Speisen und Getränke für eine größere Gruppe von Personen, z. B. in einer Kantine
auch Gemeinschaftsgastronomie, Betriebsgastronomie

▶ 12.012

korrespondierendes Getränk
kor·res·pon·die·ren·des Ge·tränk
hier: ein Getränk, das gut zu einer Speise passt; z. B. Rotwein zu Käse
12.013

die Menükomponente
Me·nü·kom·po·nen·te <-n>
eine der Speisen, aus denen ein Menü besteht; z. B. die Vorspeise
12.014

das Plateau
Pla·teau <-s>
hier: ein rundes Tablett, das häufig benutzt wird, um kleine Speisen oder Getränke in ein Hotelzimmer zu bringen
12.015

die Rinde
Rin·de <-n>
hier: der äußere Rand von Käse; kann manchmal gegessen werden, wird aber meist abgeschnitten
12.016

die Verkostung
Ver·kos·tung <-en>
hier: das Probieren eines Weines oder das Probieren und Vergleichen verschiedener Weine
12.017

zapfen
zap·fen <zapft, zapfte, hat gezapft>
Getränke, die sich in einem Fass o. Ä. befinden, durch eine Leitung in ein Glas fließen lassen, z. B. Bier
12.018

Serviceregeln

die **Belästigung**
Be·läs·ti·gung <-en>
hier: die Störung eines Gastes durch Fehler des Personals, z. B. durch zu viel Reden
12.019

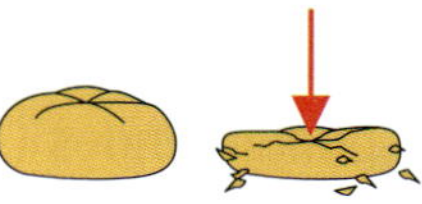

druckempfindlich
druck·emp·find·lich
<druckempfindlicher, am druckempfindlichsten>
so ist etwas, das sensibel auf Druck reagiert oder durch Druck schnell beschädigt wird, z .B. weiches Gebäck
12.020

heftig gestikulieren
hef·tig ges·ti·ku·lie·ren
intensive, kräftige Bewegungen mit den Händen machen
12.021

die **Rücksichtnahme**
Rück·sicht·nah·me <-n>
hier: Höflichkeit und Respekt bei der Bedienung eines Gastes
12.022

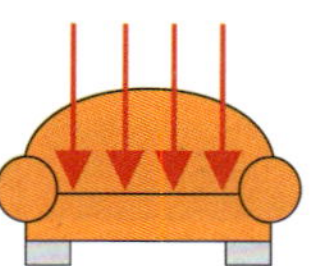

stabil
sta·bil <stabiler, am stabilsten>
hier: so ist etwas, das fest gebaut und stark genug ist, um auch höheres Gewicht zu tragen, z. B. Stühle und Tische in einem Restaurant
12.023

umkippen
um·kip·pen <kippt um, kippte um, hat umgekippt>
hier: ein Glas oder eine Schüssel zur Seite fallen lassen, sodass der Inhalt herausfließt oder herausfällt
12.024

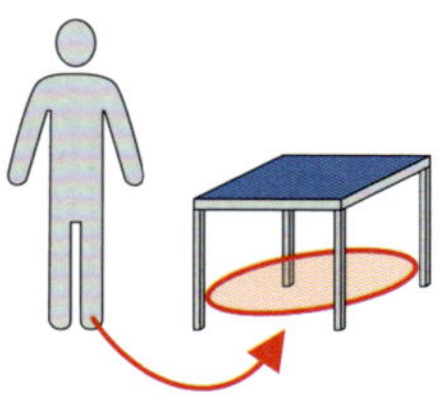

die Beinfreiheit
Bein·frei·heit *kein Plural*
hier: ausreichend Platz unter dem Tisch für die Beine
13.001

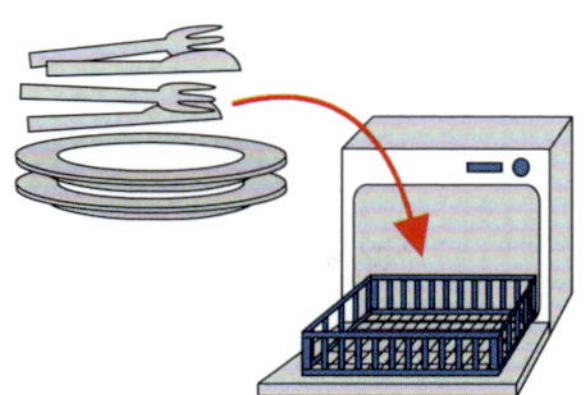

beschicken
be·schi·cken
<beschickt, beschickte, hat beschickt>
hier: Besteck und Geschirr in eine Spülmaschine stellen
13.002

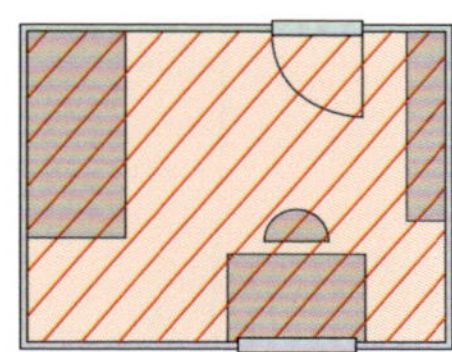

Grundfläche des Raumes
Grund·flä·che des Rau·mes
die Größe des Bodens eines Zimmers; wird in Quadratmetern (m^2) gemessen
13.003

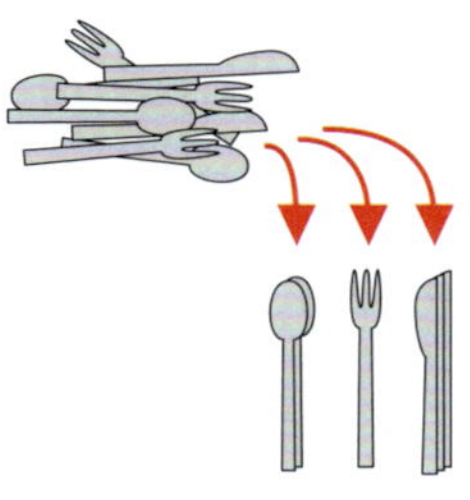

die Handhabung
Hand·ha·bung <-en>
hier: das Bedienen, Nutzen und Behandeln von Gegenständen und Geräten, z. B. das Ordnen von Besteck
13.004

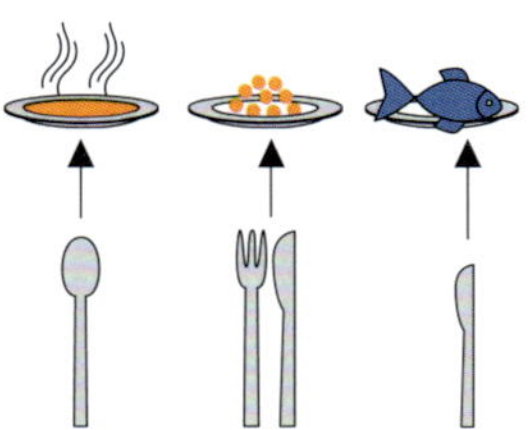

sachgerechter Einsatz
sach·ge·rech·ter Ein·satz
hier: das korrekte Benutzen von verschiedenen Bestecken und Geschirrteilen, z. B. von Fischmessern
13.005

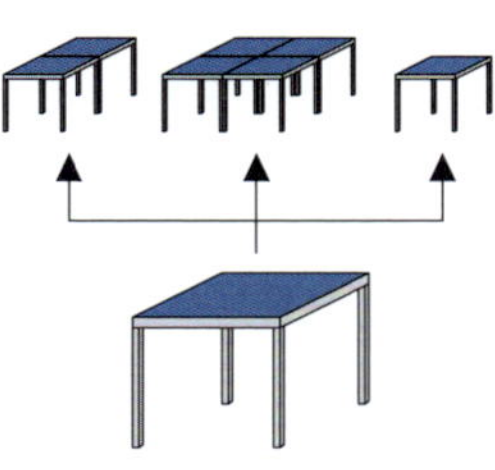

vielseitig verwendbar
viel·sei·tig ver·wend·bar
so ist etwas, das für verschiedene Aktivitäten oder bei unterschiedlichen Gelegenheiten benutzt werden kann, z. B. kleine Tische, die in unterschiedlicher Form zusammengestellt werden
13.006

Geräte

Ge·rä·te *Plural*
hier: alle Teile, die zum Besteck gehören
13.007

das **Entremet-Besteck**
En·tre·met-Be·steck <-e>
das Besteck für den Nachtisch; es hat eine Größe zwischen Besteck zum Essen und Besteck für Kaffee und Kuchen; es liegt quer über dem Teller
auch Dessertbesteck
13.008

das **Grundbesteck**
Grund·be·steck <-e>
Löffel, Messer, Gabel, wie sie zum Essen einer normalen Mahlzeit benutzt werden
13.009

das **Spezialbesteck**
Spe·zi·al·be·steck <-e>
besondere Gabeln oder Messer, die zum Essen bestimmter Speisen benutzt werden; z. B. Fischbesteck
13.010

das **Mittelbesteck**
Mit·tel·be·steck <-e>
Löffel, Gabel, Messer in einer Größe zwischen großem Essbesteck und kleinem Besteck; wird häufig für Nudelspeisen oder Desserts wie Pfannkuchen benutzt
13.011

das **Hilfsbesteck**
Hilfs·be·steck <-e>
alle Besteckteile, die zur Vorbereitung des Essens von Speisen benutzt werden; z. B. eine Gebäckzange
13.012

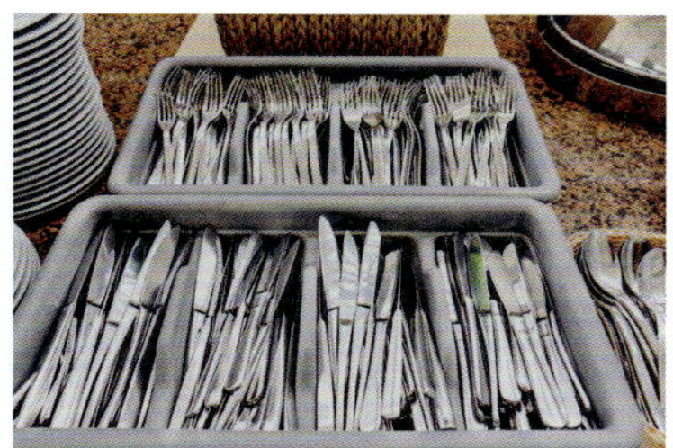

das **Hotel-Systembesteck**
Ho·tel-Sys·tem·be·steck <-e>
eine spezielle Art von Besteck, die besonders in Hotels oder Kantinen verwendet wird; die Größe der einzelnen Teile ist so, dass sie immer zusammen benutzt werden können
13.013

kleines Besteck
klei·nes Be·steck
ein kleiner Löffel für halbfeste Speisen wie Joghurt oder Creme, eine kleine Gabel für Speisen mit kleinen Stücken, z. B. Salat aus Früchten oder geschnittenem Gemüse
13.014

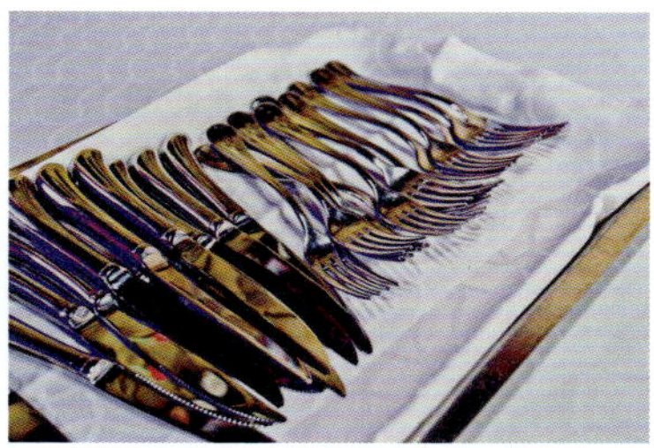

das **Silberbesteck**
Sil·ber·be·steck <-e>
Besteck aus einem wertvollen Metall (Silber), das besonders zu Festen oder speziellen Gelegenheiten benutzt wird
auch Tafelsilber
13.015

das **Sortiment**
Sor·ti·ment <-e>
hier: alle verschiedenen Besteckteile, die im Gastraum eines Restaurants oder Hotels benutzt werden, z. B. die Auswahl des Besteckes zum Frühstück
13.016

die **Wölbung**
Wöl·bung <-en>
hier: die Form des oberen Teils von Löffel und Gabel, leicht rund und nach oben gebogen; das Besteck soll immer so liegen, dass die gebogenen Teile ineinanderpassen
13.017

Besteck spülen und pflegen

der **Belag**
Be·lag <Beläge>
hier: feine Reste von Spülmittel oder Lebensmitteln, die in der Spülmaschine nicht von Geschirr oder Besteck gewaschen wurden
13.018

die **Besteckdichte**
Be·steck·dich·te <-n; Plural selten>
ein Ausdruck dafür, wie eng und nah die einzelnen Besteckteile in der Spülmaschine beieinanderstehen
13.019

der **Besteckspül-Köcher**
Be·steck·spül-Kö·cher <->
der Teil der Spülmaschine, in den das benutzte Besteck gestellt wird
auch Besteckkorb
13.020

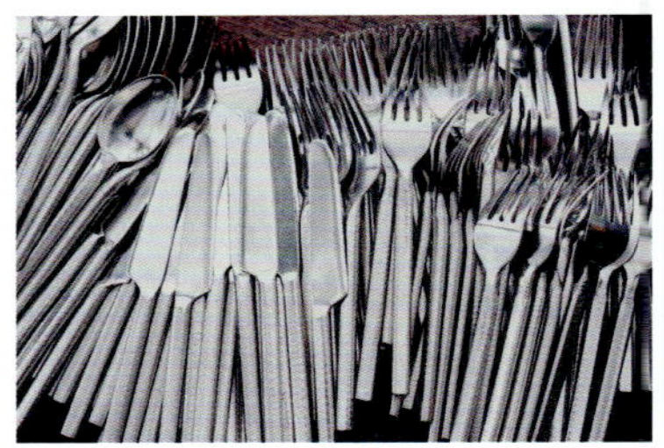

der **Edelstahl**
Edel·stahl *kein Plural*
sehr hartes, gut zu reinigendes Metall, aus dem viele Geräte für die Küche hergestellt werden, z. B. Besteck
13.021

der **Kratzer**
Krat·zer <->
hier: eine nicht gewollte Spur eines anderen Gegenstandes auf einer glatten Oberfläche; kann entstehen, wenn Besteck zu eng in der Spülmaschine steht
13.022

die **Sichtfläche**
Sicht·flä·che <-n>
hier: die Teile von Messern, Gabeln oder Löffeln, die man sieht, wenn man von oben auf das Besteck schaut
13.023

anlaufen

an·lau·fen <läuft an, lief an, ist angelaufen>
hier: **Silberbesteck** wird dunkel, wenn es zu lange liegt oder nicht häufig genug mit einem speziellen Mittel gereinigt wird
13.024

auftragen

auf·tra·gen <trägt auf, trug auf, hat aufgetragen>
hier: ein spezielles Mittel zum Reinigen auf **Silberbesteck** geben
13.025

pflegen

pfle·gen <pflegt, pflegte, hat gepflegt>
hier: Besteck mit Mitteln reinigen und behandeln, die den einzelnen Teilen nicht schaden
13.026

pfleglich behandeln

pfleg·lich be·han·deln
hier: wertvolles Besteck vorsichtig reinigen, z. B. mit der Hand spülen und nicht in der Spülmaschine
13.027

polieren

po·lie·ren <poliert, polierte, hat poliert>
hier: mit einem weichen Tuch kleine Flecken von gespültem und trockenem Besteck entfernen
13.028

überladen

über·la·den <überlädt, überlud, hat überladen>
hier: zu viel Besteck und Geschirr in eine Spülmaschine stellen
13.029

Glas

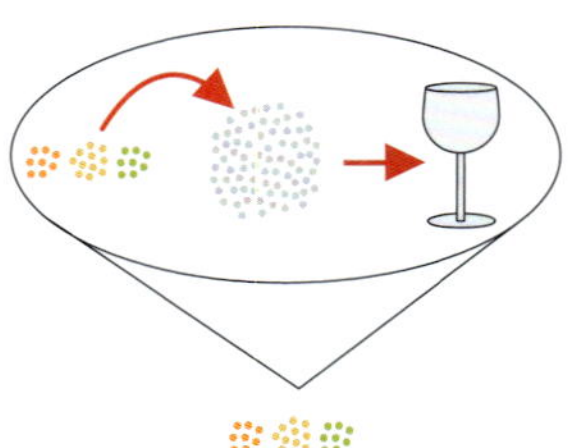

die **Beimischung**
Bei·mi·schung <-en>
hier: verschiedene Stoffe, die zusätzlich zum Hauptbestandteil für die Herstellung von Glas verwendet werden
13.030

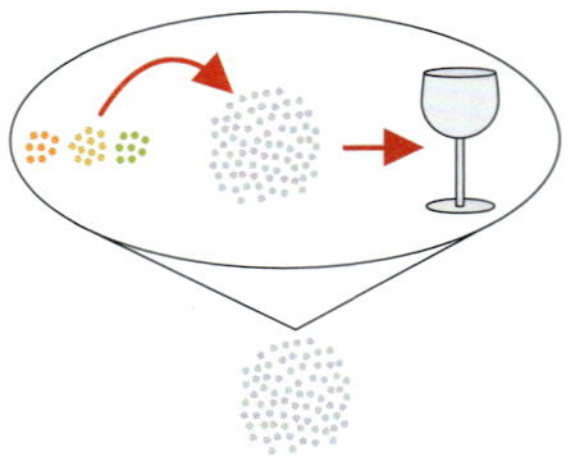

der **Hauptbestandteil**
Haupt·be·stand·teil <-e>
hier: das Material, das in der größten Menge für die Herstellung von Glas verwendet wird
13.031

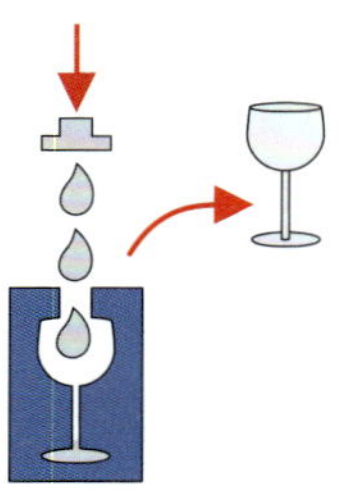

das **Pressverfahren**
Press·ver·fah·ren <->
eine Methode, mit der flüssiges, heißes Glas durch Druck in eine bestimmte Form gebracht wird
13.032

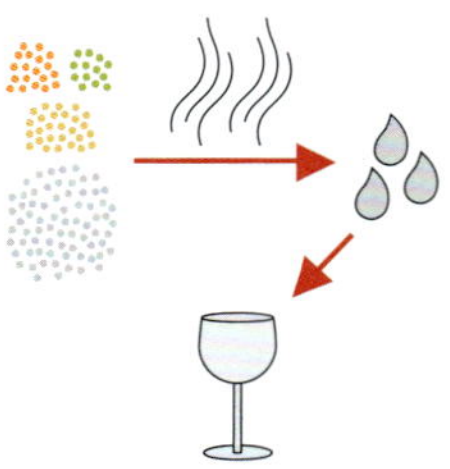

das **Schmelzprodukt**
Schmelz·pro·dukt <-e>
hier: ein Glas, das entsteht, wenn verschiedene Materialien gemischt, mit hoher Hitze flüssig gemacht (geschmolzen) und dann zu einem Trinkglas geformt werden
13.033

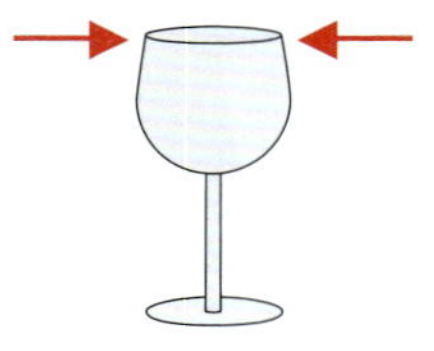

verjüngt
ver·jüngt
hier: so ist die Form eines Glases, das nach oben schmaler wird
13.034

zur Geltung kommen
zur Gel·tung kom·men
hier: auf positive Weise wirken oder auffallen, z. B. die Farbe eines Weines in einem besonderen Glas
13.035

Geschirr

das/der Dekor
De·kor <-s/-e>
ein meist farbiges Bild, Linien oder Punkte auf Gläsern oder Geschirr
13.036

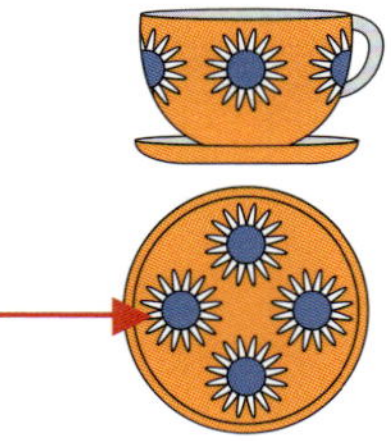

das/der Flächendekor
Flä·chen·de·kor <-s/-e>
Bilder von Blumen oder Blättern auf Geschirr
13.037

das/der Randdekor
Rand·de·kor <-s/-e>
Linien, Streifen, ein **Monogramm** oder eine **Vignette** am Rand des Geschirrs
13.038

das Monogramm
Mo·no·gramm <-e>
ein persönliches Zeichen aus den ersten Buchstaben von Vornamen und Familiennamen
13.039

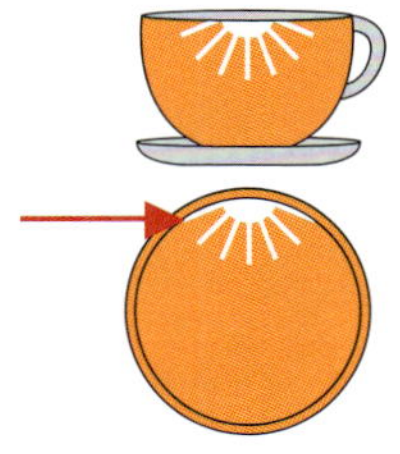

die Vignette
Vi·gnet·te <-n>
hier: ein kleines Bild (Motiv) als Hinweis auf Herkunft oder Fabrik des Geschirrs
13.040

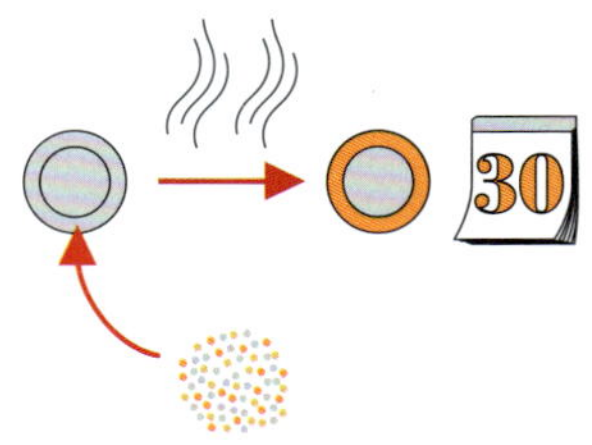

die **Glasur**

Gla·sur <-en>

hier: eine Mischung aus verschiedenen Stoffen, die mit großer Hitze auf Geschirr gebrannt wird; wirkt wie Glas, kann bunt oder ohne Farbe sein, macht die Oberfläche des Geschirrs glatt und haltbar

13.041

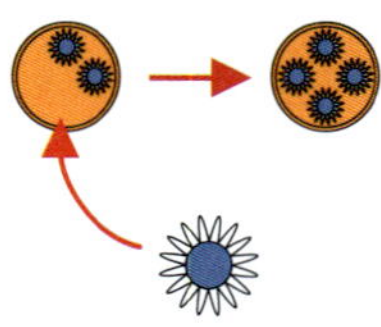

das/der **Aufglasurdekor**

Auf·gla·sur·de·kor <-s/-e>

Bilder, Linien oder Buchstaben, die sich auf der **Glasur** eines Geschirrs befinden

13.042

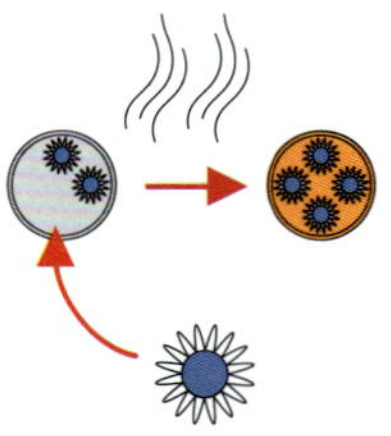

das/der **Unterglasurdekor**

Un·ter·gla·sur·de·kor <-s/-e>

Bilder, Linien oder Buchstaben, die auf das Geschirr kommen, bevor die **Glasur** gebrannt wird

13.043

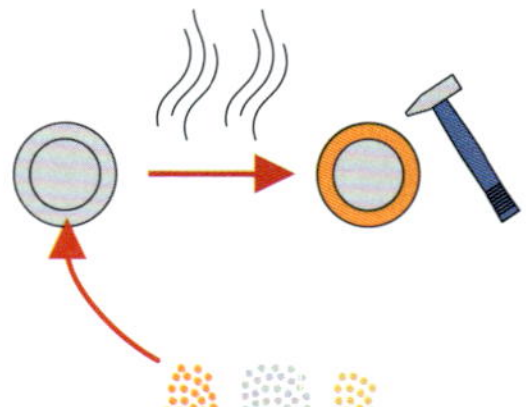

harte Glasur

har·te Gla·sur

eine Mischung aus verschiedenen Stoffen, die auf das Geschirr gebrannt wird; wird besonders fest und hält lange

13.044

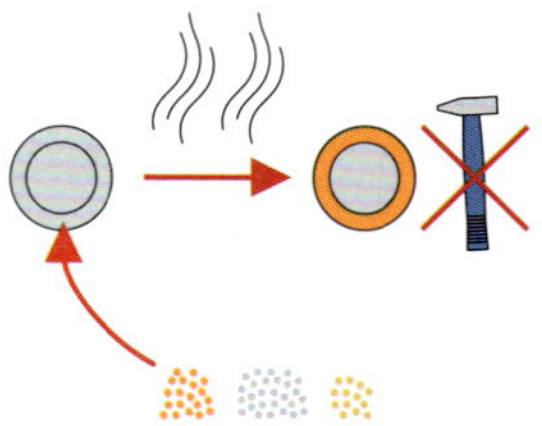

weiche Glasur

wei·che Gla·sur

eine Mischung aus verschiedenen Stoffen, die auf das Geschirr gebrannt wird; schützt das Geschirr nicht so gut wie eine **harte Glasur**

13.045

das **Porzellan**
Por·zel·lan <-e>
ein Material, das durch Mischen und Brennen bestimmter Stoffe entsteht; wird z. B. für die Herstellung von Geschirr verwendet
13.046

anspruchsvoll
an·spruchs·voll
<anspruchsvoller, am anspruchsvollsten>
hier: so ist ein Porzellan, das feiner ist und vorsichtiger behandelt werden muss als das normale Geschirr für den Alltag eines Restaurants
13.047

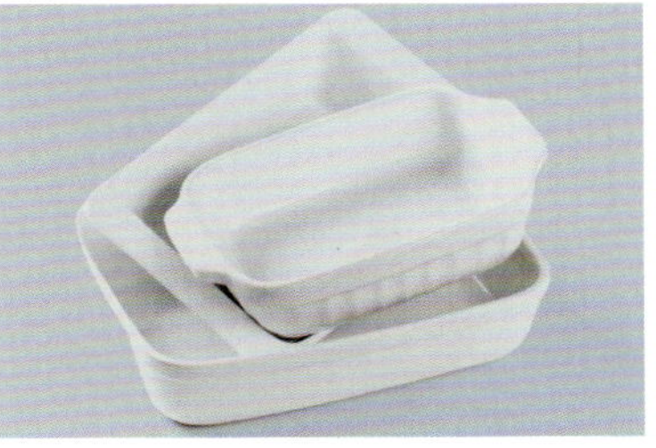

feuerfest
feu·er·fest
hier: so ist ein Geschirr, das im Ofen auch bei großer Hitze nicht kaputtgeht
13.048

platzsparend
platz·spa·rend
<platzsparender, am platzsparendsten>
so ist etwas, das wenig Raum benötigt, z. B. Teller, die ordentlich aufeinanderstehen
auch raumsparend
13.049

stapelbar
sta·pel·bar
so sind Gegenstände mit gleicher oder ähnlicher Form, die sich wie ein kleiner Turm aufeinander- oder ineinanderstellen lassen, z. B. Tassen
13.050

Reinigung und Pflege von Geschirr

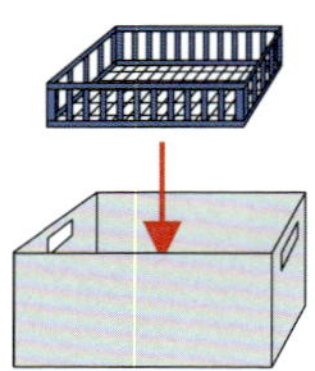

ausgefeiltes System

aus·ge·feil·tes Sys·tem
hier: eine spezielle, besonders gut funktionierende Art, schmutziges Geschirr zu transportieren und lagern
13.051

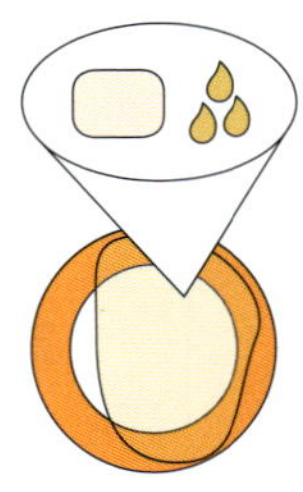

der Fettfilm

Fett·film <-e>
Fett, das als dünne Fläche auf Geschirr klebt
13.052

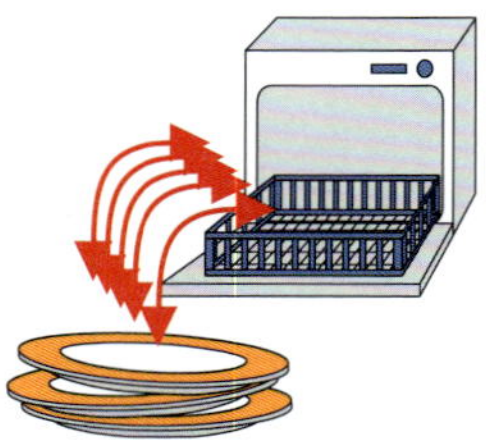

stark belastet

stark be·las·tet
hier: so ist Geschirr, das sehr oft benutzt wird und deswegen häufig gespült werden muss
13.053

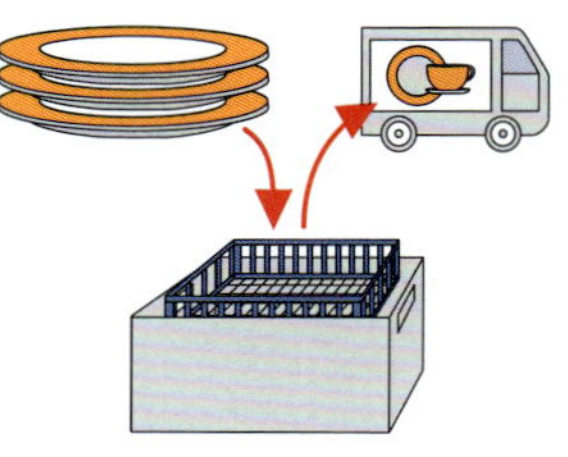

der Transportbehälter

Trans·port·be·häl·ter <->
hier: eine Kiste aus Kunststoff oder sehr leichtem Metall, in der Geschirr von einem Ort zum anderen gebracht wird, z. B. von einem Restaurant zu einem privaten Fest
13.054

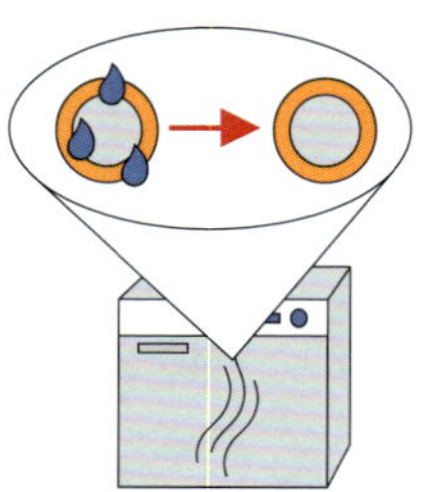

die Wärmereserve

Wär·me·re·ser·ve <-n>
hier: die Wärme, die nach dem Spülen noch in der Spülmaschine ist; dadurch trocknet das nasse Geschirr schneller
13.055

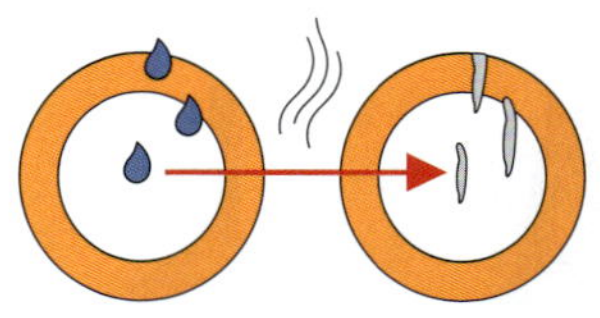

die Wasserschliere

Was·ser·schlie·re <-n>
hier: eine Spur von (Spül-)Wasser, das auf dem Geschirr getrocknet ist und dort Flecken hinterlässt
13.056

Einrichtung und Tischwäsche

allseitiger Überhang

all·sei·ti·ger Über·hang
hier: das Stück Stoff, das von einer Tischdecke auf allen Seiten des Tisches 25-30 Zentimeter herunterhängen muss
13.057

die Anrichte

An·rich·te <-n>
hier: ein Tisch, auf dem Dinge für den Service liegen, z. B. Besteck, Geschirr und Servietten
auch Servicetisch, Servant
13.058

die Deckserviette

Deck·ser·vi·et·te <-n>
ein Tuch, das kleiner als die Tischdecke ist und eine andere Farbe hat; es wird als Dekoration und zum Schutz der Tischdecke verwendet
auch Decktuch, Mitteldecke, Napperon
13.059

die Einrichtung

Ein·rich·tung <-en>
hier: alle Möbel, die sich in einem Hotel oder Restaurant befinden; z. B. Bänke, Stühle, Tische, Bar
13.060

fest eingebauter Raumteiler

fest ein·ge·bau·ter Raum·tei·ler
ein großer Gegenstand, den man nicht schieben kann; dadurch wird ein Zimmer oder ein Gastraum geteilt
13.061

die Handserviette

Hand·ser·vi·et·te <-n>
ein Tuch, das der Kellner im feineren Service über dem linken Arm trägt
auch Serviertuch
13.062

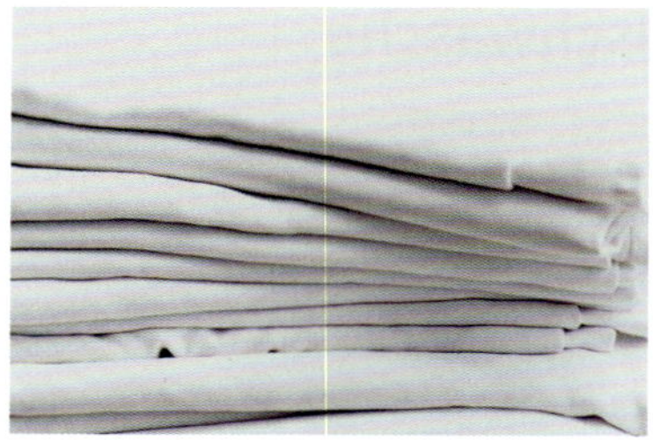

der **Molton**
Mol·ton <-s>
ein etwas dickerer, weicher Stoff, der auf beiden Seiten leicht rau ist
13.063

die **Mundserviette**
Mund·ser·vi·et·te <-n>
ein kleines Tuch, das zum Schutz der Kleidung und zum Reinigen des Mundes benutzt wird; kann aus Papier oder Stoff sein
13.064

sortieren
sor·tie·ren <sortiert, sortierte, hat sortiert>
hier: Tischdecken, Servietten und Handtücher nach unterschiedlichen Materialien, Farben und Flecken für die Wäsche ordnen
13.065

die **Tischtuchunterlage**
Tisch·tuch·un·ter·la·ge <-n>
ein Tuch aus weichem, etwas dickeren Stoff (**Molton**), das unter der Tischdecke liegt; schützt den Tisch vor zu viel Wärme und Flüssigkeit
13.066

verrutscht
ver·rutscht
hier: so ist eine Tischdecke, die nicht richtig auf dem Tisch liegt, weil der Tisch zu glatt ist
13.067

der **Verschmutzungsgrad**
Ver·schmut·zungs·grad <-e>
ein Maß dafür, wie schmutzig ein Wäschestück ist, z. B. eine Tischdecke
13.068

Tafeldekoration

die **Festtafel**
Fest·ta·fel <-n>
ein oder mehrere große Tische mit besonderem Geschirr, Besteck und verschiedenen Gläsern für eine festliche Gelegenheit, z. B. für eine Hochzeit
13.069

das **Grundgedeck**
Grund·ge·deck <-e>
Geschirr und Besteck, das immer gebraucht wird und meist schon vor Beginn des Service auf den Tisch gestellt wird
13.070

das **Richtglas**
Richt·glas <Richtgläser>
das erste Glas, das höher als der Teller, einen Zentimeter über dem Messer stehen soll
auch Standglas, Grundglas
13.071

die **Tafel**
Ta·fel <-n>
ein großer Tisch mit feinem Geschirr und Gläsern für eine festliche Gelegenheit
13.072

die **Tafelform**
Ta·fel·form <-en>
die Art, in der eine **Tafel** aus mehreren Tischen zusammengestellt wird; es gibt unterschiedliche Formen
13.073

der **Tischschmuck**
Tisch·schmuck <-e; Plural selten>
alle Blumen und Gegenstände, die zur Dekoration eines Tisches oder einer **Tafel** verwendet werden; z. B. Kerzen
13.074

die **Anpassungsfähigkeit**
An·pas·sungs·fä·hig·keit *kein Plural*
das Talent, sich auf Situationen und Menschen einzustellen, z. B. auf komplizierte Gäste
14.001

das **Einfühlungsvermögen**
Ein·füh·lungs·ver·mö·gen *kein Plural*
die Fähigkeit, Gefühle und Stimmungen von anderen Menschen oder in neuen Situationen zu spüren, z. B. Wünsche von Gästen
14.002

die **Erwartungshaltung**
Er·war·tungs·hal·tung <-en>
hier: Gedanken an das, was ein Gast in einem Hotel oder Restaurant erleben möchte, z. B. einen freundlichen Service
14.003

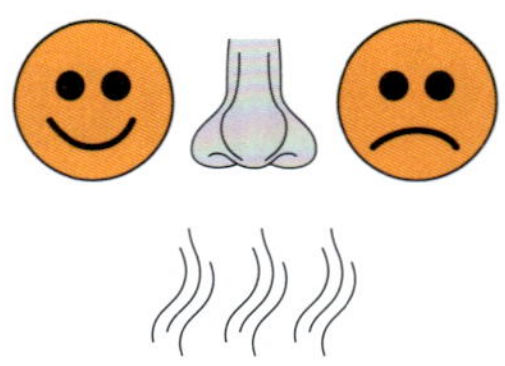

der **Geruch**
Ge·ruch <Gerüche>
das, was man angenehm oder nicht angenehm riechen kann, z. B. frische oder schmutzige Wäsche
14.004

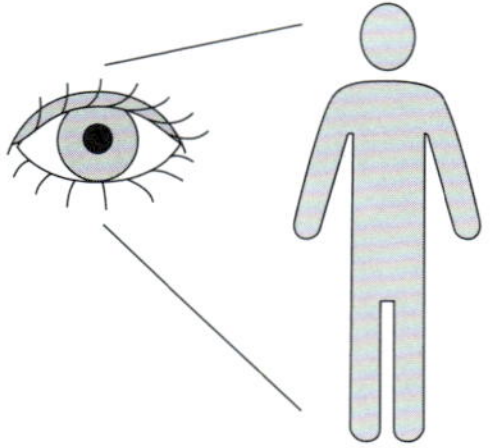

die **Gesamterscheinung**
Ge·samt·er·schei·nung <-en>
das Aussehen und die Wirkung einer Person, wenn man sie von Kopf bis Fuß ansieht, z. B. gepflegt oder ungepflegt
auch äußeres Erscheinungsbild
14.005

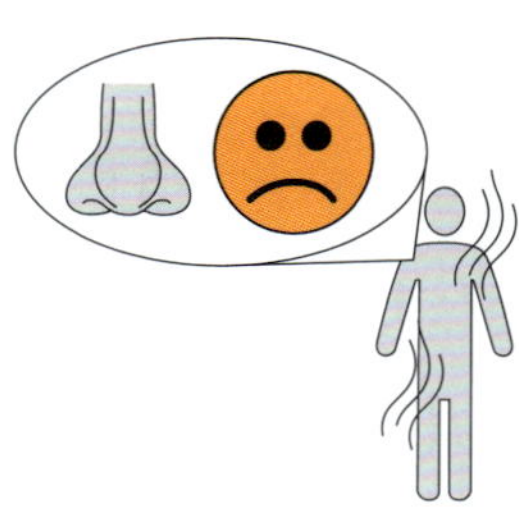

der **Körpergeruch**
Kör·per·ge·ruch <Körpergerüche>
ein nicht angenehmer **Geruch**, der entsteht, wenn der Körper nicht gepflegt wird oder jemand krank ist
14.006

der **Misserfolg**
Miss·er·folg <-e>
ein Versuch, der nicht gelungen ist, z. B. einen Gast so zu bedienen, dass er zufrieden ist
14.007

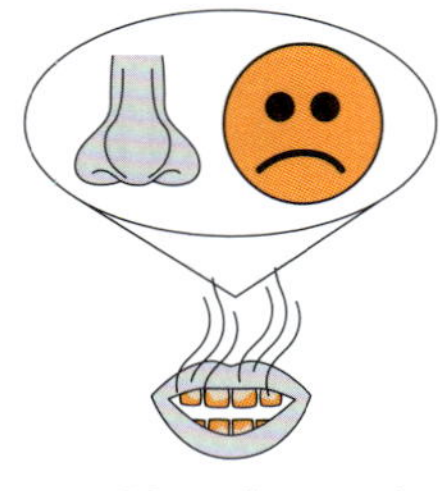

der **Mundgeruch**
Mund·ge·ruch <Mundgerüche>
Atem aus dem Mund, der schlecht riecht, z. B. wenn jemand seine Zähne nicht pflegt
14.008

die **Schwachstelle**
Schwach·stel·le <-n>
hier: ein Problem, das zu Fehlern oder einem schlechten Eindruck bei den Gästen führt, z. B. unfreundlicher Service
14.009

die **Stellungnahme**
Stel·lung·nah·me <-n>
ein persönlicher Kommentar zu einer Situation oder zu etwas, das gesagt oder geschrieben wurde
14.010

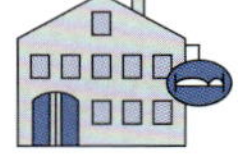

Stil des Hauses
Stil des Hau·ses
hier: die Art, wie ein Hotel oder Restaurant eingerichtet ist und geführt wird, z. B. einheitliche Farben für die Kleidung des Personals oder Geschirr und Handtücher
14.011

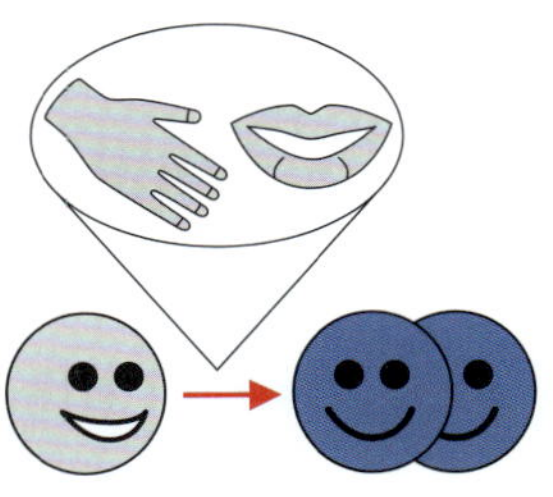

die **Umgangsform**
Um·gangs·form <-en>
das Verhalten anderen Menschen gegenüber; gute Umgangsformen sind höflich, respektvoll und freundlich
14.012

Beratung

die **Beeinflussung**
Be·ein·flus·sung <-en>
hier: eine Art, ein Gespräch so zu führen, dass der Gast bestellt, was der Kellner empfiehlt, obwohl er vorher vielleicht etwas anderes bestellen wollte
14.013

fachkompetente Beratung
fach·kom·pe·ten·te Be·ra·tung
hier: eine Beratung des Gastes, bei der das Personal zeigt, dass es sich in allen Bereichen des Betriebes auskennt, z. B. bei den Speisen, bei den Getränken und im Service
14.014

fingierter Dialog
fin·gier·ter Di·a·log
hier: ein Gespräch mit dem Gast, bei dem das Personal Fragen stellt und auch schon die Antworten vorschlägt; der Gast muss dann nur noch „ja" oder „nein" sagen
14.015

das **Füllwort**
Füll·wort <Füllwörter>
hier: ein Wort, das alleine wenig bedeutet und benutzt wird, damit der Gast leichter mit „ja" auf eine Frage antworten kann, z. B. „Sie möchten doch sicherlich einen Nachtisch."
14.016

geschickte Fragetechnik
ge·schick·te Fra·ge·tech·nik
hier: eine Art zu fragen, die dazu führt, dass der Gast zufrieden ist und viel bestellt
14.017

die **Gesprächslenkung**
Ge·sprächs·len·kung *kein Plural*
das Bestimmen der Richtung eines Gespräches, um ein geplantes Ziel zu erreichen, z. B. dass der Gast einen teuren Wein bestellt
14.018

grundlegende Information

grund·le·gen·de In·for·ma·ti·on

die wichtigsten Angaben zu einer Sache; z. B. Adresse, Datum, Uhrzeit einer Veranstaltung

14.019

introvertiert

in·tro·ver·tiert

<introvertierter, am introvertiertesten>

so ist jemand, der eher still ist und sich auch in einer Gruppe mehr mit den eigenen Gedanken beschäftigt als mit anderen zu sprechen

14.020

die Meinungsmanipulation

Mei·nungs·ma·ni·pu·la·ti·on <-en>

hier: das Stellen bestimmter Fragen, um die Entscheidung des Gastes zu beeinflussen

14.021

rhetorisches Hilfsmittel

rhe·to·ri·sches Hilfs·mit·tel

hier: die Technik, mit der die Fragen gestellt werden, um zu verstehen, was der Gast wünscht, z. B. das Nennen bestimmter Angebote in der Frage

14.022

die Übereinstimmung

Über·ein·stim·mung <-en>

hier: die gleiche oder eine sehr ähnliche Meinung von Personal und Gast über eine Sache, z. B. über den Geschmack eines Weines

14.023

der Zusatzverkauf

Zu·satz·ver·kauf <Zusatzverkäufe>

hier: Speisen, Getränke oder Teile davon, die der Service zusätzlich zum Bestellten empfiehlt, z. B. eine Portion Sahne zum Nachtisch

14.024

Reklamation

die Ausrede
Aus·re·de <-n>
eine Entschuldigung, in der man als Grund für ein Problem etwas sagt, das nicht wahr ist, z. B. wenn man eine Bestellung vergessen hat, zu sagen, dass der Koch noch nicht fertig ist
14.025

die Investition
In·ves·ti·ti·on <-en>
hier: freundliches Verhalten, um dafür zu sorgen, dass eine Beschwerde nicht zum Problem wird, damit der Gast wiederkommt, z. B. ein Essen, das nicht schmeckt, kostenlos zurücknehmen
14.026

die Mund-zu-Mund-Propaganda
Mund-zu-Mund-Pro·pa·gan·da *kein Plural*
kurz Mundpropaganda
hier: die gute oder schlechte Meinung, die ein Gast von einem Hotel oder Restaurant hat und die er anderen Menschen sagt
14.027

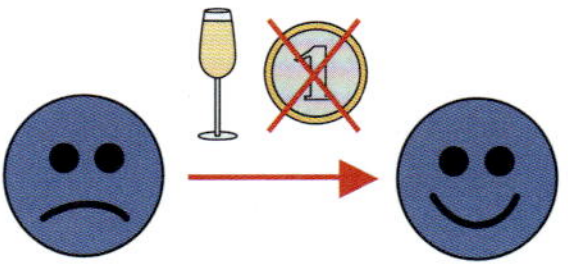

das Reaktionsinstrument
Re·ak·ti·ons·ins·tru·ment <-e>
ein Vorschlag oder eine Handlung, mit der auf Kritik eines Gastes reagiert wird, z. B. ein kleines Geschenk oder ein Gratisgetränk
14.028

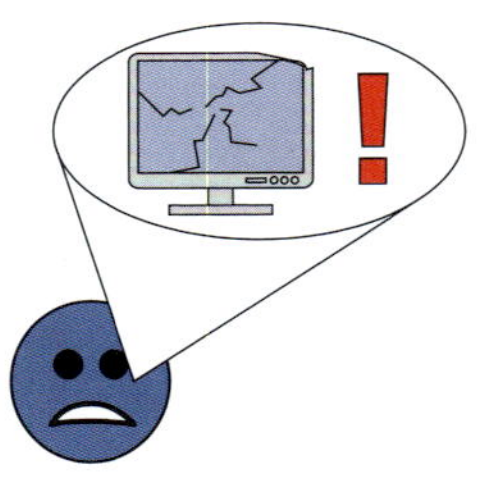

die Reklamation
Re·kla·ma·ti·on <-en>
hier: die Aussage eines Gastes, dass etwas nicht in Ordnung ist, z. B. der Fernseher im Hotelzimmer
auch Beschwerde
14.029

die Unannehmlichkeit
Un·an·nehm·lich·keit <-en>
ein Problem, das durch menschliches Verhalten, Fehler oder nicht funktionierende Gegenstände entsteht und Ärger verursacht, z. B. wenn das bestellte Essen nicht kommt
14.030

Bonieren

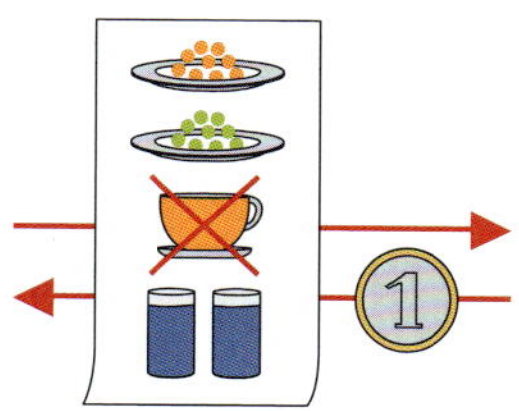

der **Abschlag**
Ab·schlag <Abschläge>
lang Abschlagssumme
ein Teil einer Zahlung
auch Abschlagszahlung, Akontozahlung, Teilzahlung
14.031

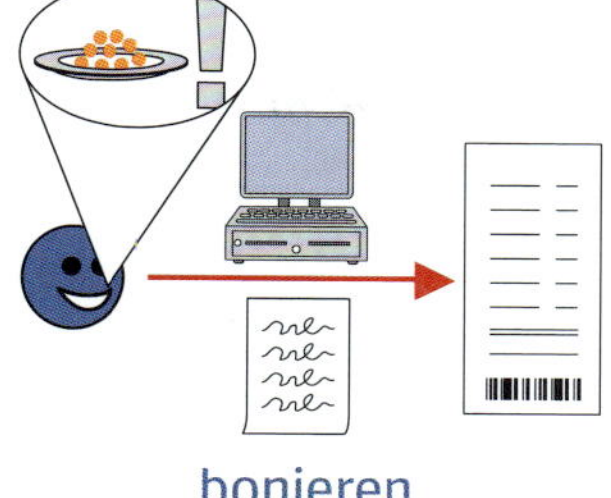

bonieren
bo·nie·ren <boniert, bonierte, hat boniert>
eine Bestellung in die Kasse tippen oder mit der Hand notieren, sodass ein Beleg (Bon) entsteht
14.032

die **Codenummer**
Code·num·mer <-n>
hier: eine Nummer, die auf der Speisekarte steht; sie gehört zu einer Speise oder einem Getränk und ersetzt in einer digitalen Kasse den Namen von Speise oder Getränk
14.033

manuelles Beschriften
ma·nu·el·les Be·schrif·ten
hier: das Schreiben mit der Hand auf eine Tafel, z. B. die Empfehlung des Tages
14.034

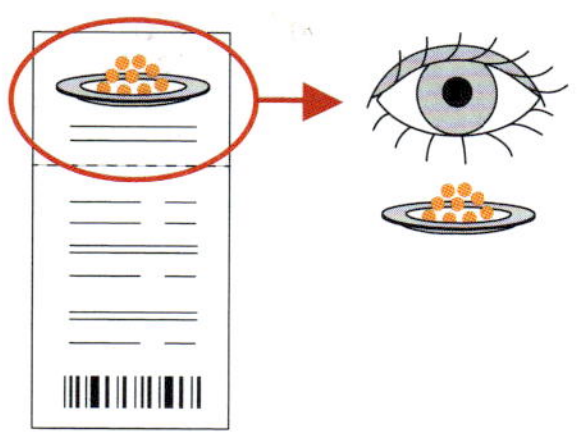

der **Talon**
Ta·lon <-s>
hier: ein Teil des Papiers (Bons), auf dem die Bestellung steht; wird zur Kontrolle der Bestellung benutzt
auch Abriss, Abschnitt, Kontrollabschnitt
14.035

die **Zwischensumme**
Zwi·schen·sum·me <-n> *kurz* ZS
hier: ein Teil vom gesamten Betrag einer Rechnung
14.036

Typen und Wünsche

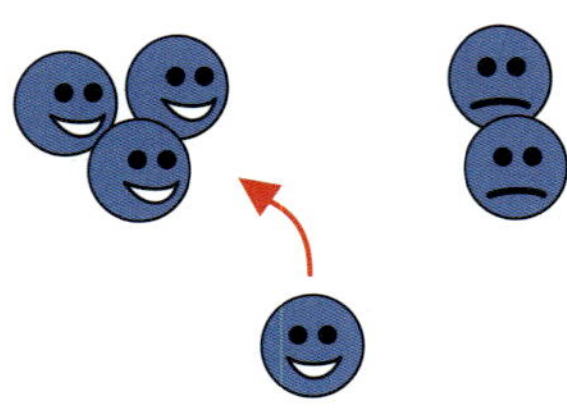

der **Gästegrundtyp**
Gäs·te·grund·typ <-en>
eine Gruppe von Gästen, die sich durch ihr Verhalten von anderen Gruppen unterscheiden, z. B. Gäste mit guter Laune, die gerne reden
14.037

die **Gästetypologie**
Gäs·te·ty·po·lo·gie <-n>
eine Ordnung, mit der verschiedene Typen von Gästen in Gruppen zusammengefasst werden, z. B. Gäste, die besonders laut sind und das Personal nicht gut behandeln
14.038

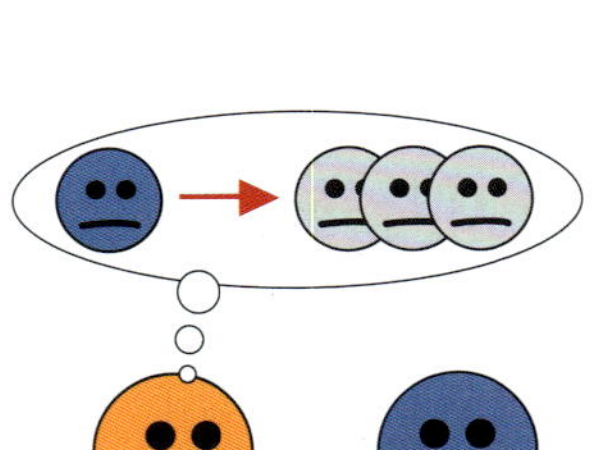

das **Schubladendenken**
Schub·la·den·den·ken *kein Plural*
eine Art, über Menschen und Dinge zu denken, die nicht klug, flexibel und offen ist
14.039

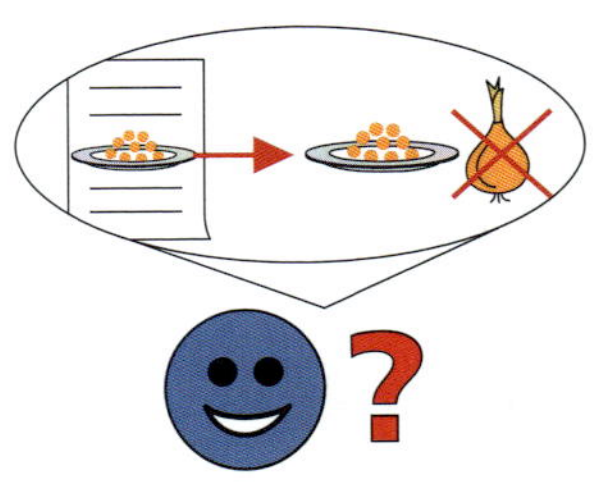

der **Sonderwunsch**
Son·der·wunsch <Sonderwünsche>
eine Frage, mit der ein Gast um etwas anderes bittet, als im normalen Angebot des Hotels oder Restaurants enthalten ist, z. B. die spezielle Zubereitung einer Speise
14.040

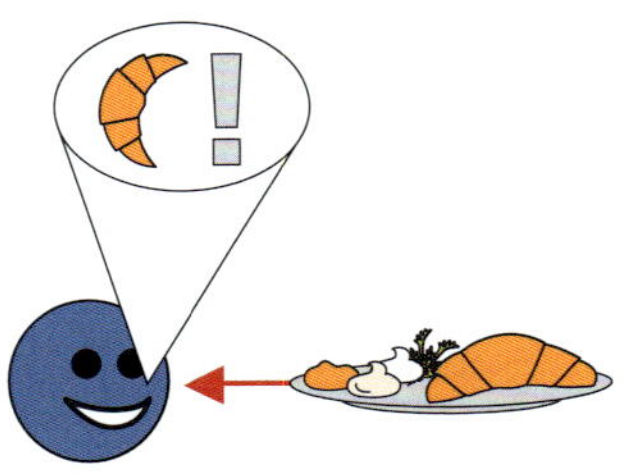

die **Übererfüllung**
Über·er·fül·lung <-en>
ein Ausdruck dafür, dass eine bestellte Speise so schön dekoriert oder so besonders zubereitet ist, dass der Gast mehr als zufrieden ist, z. B. der Gast bestellt ein Croissant und bekommt einen Teller mit einem Croissant und zusätzlich noch verschiedene Marmeladen
14.041

die **Unterversorgung**
Un·ter·ver·sor·gung <-en>
hier: ein Ausdruck dafür, wenn an einem Tisch leere Flaschen, leere Gläser und Teller stehen und sich das Personal nicht darum kümmert
14.042

Menü

abstimmen
ab·stim·men
<stimmt ab, stimmte ab, hat abgestimmt>
hier: Getränke passend zu einer Speise aussuchen, z. B. Weißwein zu Fisch
15.001

die Ausgewogenheit
Aus·ge·wo·gen·heit <-en>
hier: die gesunde Mischung verschiedener Teile eines Gerichtes oder Menüs, z. B. Fisch und Gemüse
15.002

exklusive Speisenfolge
ex·klu·si·ve Spei·sen·fol·ge
hier: besondere Speisen, die bei Festen oder festlichen Gelegenheiten als Teil eines Menüs zubereitet und angeboten werden, z. B. ein Hummer an Silvester
15.003

das Gestaltungselement
Ge·stal·tungs·ele·ment <-e>
ein auffallendes Detail, mit dem ein Tisch, eine Speise oder eine Speisekarte dekoriert wird; z. B. Blumen und Nummern für die einzelnen Tische bei einem Fest
15.004

die Kombination
Kom·bi·na·ti·on <-en>
hier: die Reihenfolge verschiedener Speisen in einem Menü, z. B. eine gebackene Kartoffel als Hauptspeise eines vegetarischen Menüs
15.005

maßvoll portioniert
maß·voll por·ti·o·niert
hier: so ist eine Speise, die in nicht zu großer Menge angeboten wird, z. B. Mozzarella mit Tomate als Vorspeise
15.006

Menüaufbau

der Ausklang
Aus·klang <Ausklänge>
hier: das Ende, der Schluss eines Menüs; z. B. ein süßer Nachtisch
15.007

der Gang
Gang <Gänge>
hier: jedes der einzelnen Gerichte, aus denen ein Menü besteht, z. B. die Vorspeise als 1. Gang
15.008

das Grundgerippe
Grund·ge·rip·pe <->
hier: drei unterschiedliche Speisen als geringste Zahl der **Gänge**, die in einem Menü enthalten sein müssen, z. B. Vorspeise, Hauptspeise (z. B. Fleisch), Nachspeise
15.009

der Menüaufbau
Me·nü·auf·bau *kein Plural*
die Reihenfolge, in der die Speisen eines Menüs angeboten werden, z. B. Käse nach dem süßen Dessert
15.010

die Überwindung
Über·win·dung <-en>
hier: das Beenden eines nicht gewollten Zustands während eines langen Essens, z. B. einen Kaffee zu trinken, wenn man müde ist
15.011

das Zwischengericht
Zwi·schen·ge·richt <-e>
eine kleine Portion einer warmen Speise; wird im Menü zwischen Suppe und Hauptspeise oder zwischen Fisch und Fleisch angeboten, z. B. eine sehr kleine Portion Nudeln
15.012

Menüregel

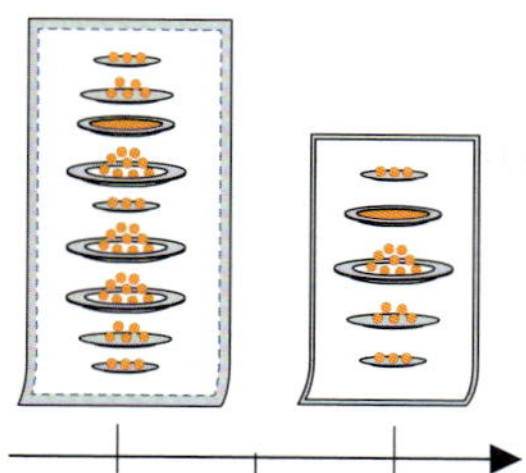

klassisches Menü

klas·si·sches Me·nü
eine Reihenfolge von Speisen, an der man erkennen kann, welches Essen in einer bestimmten Zeit typisch ist, z. B. früher Menüs mit bis zu 10 **Gängen**
15.013

modernes Menü

mo·der·nes Me·nü
eine Reihenfolge von Speisen, wie sie heute in einem Menü angeboten wird; höchstens sechs Gerichte, die nicht zu satt machen und nicht schwer im Magen liegen, z. B. als Hauptspeise Fisch
15.014

die Menükarte

Me·nü·kar·te <-n>
eine spezielle Speisekarte; die einzelnen Speisen des Menüs werden nacheinander präsentiert
15.015

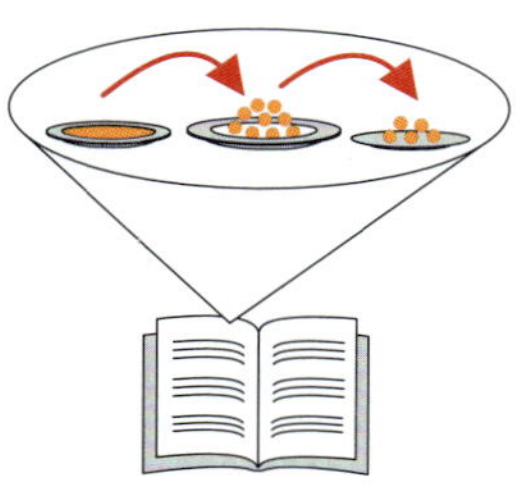

die Menüregel

Me·nü·re·gel <-n>
eine Vorschrift dafür, welche Farben und welche Reihenfolge die einzelnen **Gänge** eines Menüs haben sollen
15.016

das Standardangebot

Stan·dard·an·ge·bot <-e>
hier: die Auswahl an Speisen, die ein Restaurant normalerweise anbietet
15.017

strenge Menülehre

stren·ge Me·nü·leh·re
verschiedene Regeln, die unbedingt zu beachten sind, wenn ein Menü erstellt wird; bestimmte Lebensmittel oder Zubereitungen dürfen sich nicht wiederholen, z. B. nach einer Pilzsuppe als Vorspeise kein **Zwischengericht** aus gebratenen Pilzen
15.018

Art und Reihenfolge von Speisen

die **Richtlinie**
Richt·li·nie <-n>
hier: eine Regel, nach der die Lebensmittel und die Reihenfolge der Speisen für ein Menü ausgewählt werden, z. B. Gemüse der Saison
15.019

die **Schrittfolge**
Schritt·fol·ge <-n>
die Reihenfolge, in der die Gerichte für ein Menü festgelegt werden, z. B. zuerst wird ein Wiener Schnitzel als Hauptspeise bestimmt, dann eine passende Vorspeise und Nachspeise
15.020

leichte Speise
leich·te Spei·se
ein Gericht, das nicht zu satt macht und nicht zu schwer im Magen liegt; z. B. eine Gemüsesuppe
15.021

energiereiche Speise
ener·gie·rei·che Spei·se
ein Gericht, das satt macht; z. B. eine Cremesuppe mit Pilzen als Vorspeise
15.022

gebundene Speise
ge·bun·de·ne Spei·se
eine Sauce oder Suppe, die mit Fett, Mehl oder anderen Lebensmitteln dicker gemacht wurde, z. B. Sauce Remoulade
15.023

ungebundene Speise
un·ge·bun·de·ne Spei·se
eine Sauce oder Suppe, die klar ist, z. B. eine Hühnerbrühe
auch klare Speise
15.024

Eigenschaften von Menüs

abgestuft

ab·ge·stuft

hier: so ist eine Auswahl verschiedener Menüs, die unterschiedlich hohe Preise haben

15.025

ernährungsphysiologisch vollwertig

er·näh·rungs·phy·si·o·lo·gisch voll·wer·tig

so ist ein Menü, das Lebensmittel vermeidet, die nicht gesund sind und das möglichst viele Stoffe enthält, die der Körper braucht, z. B. Obst und Gemüse, aber wenig Zucker

15.026

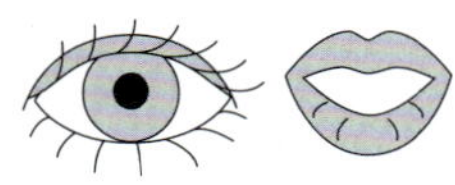

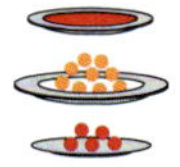

harmonisch

har·mo·nisch

<harmonischer, am harmonischsten>

hier: so ist ein Menü, dessen einzelne Speisen in Farben und Geschmack gut zusammenpassen

15.027

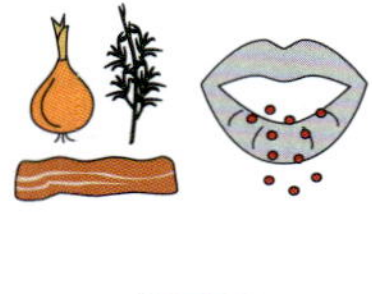

herzhaft

herz·haft <herzhafter, am herzhaftesten>

so ist ein Menü, dessen Speisen aus intensiv schmeckenden Lebensmitteln und Gewürzen zubereitet sind, z. B. Fleisch mit Zwiebeln

15.028

hochwertig

hoch·wer·tig <hochwertiger, am hochwertigsten>

so ist ein Menü, dessen einzelne Gerichte nur aus Lebensmitteln von hoher Qualität zubereitet sind, z. B. biologisch produziertes Fleisch und Gemüse

15.029

kultiviert

kul·ti·viert <kultivierter, am kultiviertesten>

hier: so ist ein Menü, das aus feinen Speisen besteht und an einem eleganten Tisch von schönem Geschirr, mit gepflegtem Besteck gegessen wird

15.030

Menü und Küche

die **Entlastung**
Ent·las·tung <-en>
hier: weniger Zeitdruck für die Mitarbeiter der Küche, weil die einzelnen Speisen für ein Menü zu einem früheren Zeitpunkt bereits gut vorbereitet werden können
15.031

das **Fingerspitzengefühl**
Fin·ger·spit·zen·ge·fühl *kein Plural*
eine sensible Art, mit Menschen und Dingen umzugehen, z. B. wenn Mitarbeiter Stress haben
auch Einfühlungsvermögen
15.032

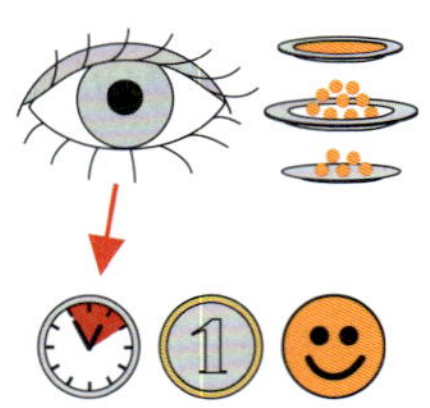

der **Gesichtspunkt**
Ge·sichts·punkt <-e>
eine von mehreren Möglichkeiten, unter denen man sich ein Urteil über eine Sache oder ein Verhalten bilden kann, z. B. der Vorteil eines Menüs für die Küche, wenn wenig Zeit ist
auch Aspekt
15.033

küchentechnischer Aspekt
kü·chen·tech·ni·scher As·pekt
hier: das, was zur Arbeit der Küche gehört, wenn ein Menü geplant wird, z. B. welche Lebensmittel bestellt werden oder die Anzahl der Mitarbeiter
15.034

die **Stoßzeit**
Stoß·zeit <-en>
die Zeit, in der viele Gäste da sind und deswegen in der Küche besonders intensiv gearbeitet werden muss
15.035

die **Überforderung**
Über·for·de·rung <-en>
hier: so viel Arbeit, dass sie fast nicht erledigt werden kann und es den Mitarbeitern deswegen schlecht geht
15.036

Menü und Gast

gehobene Esskultur

ge·ho·be·ne Ess·kul·tur

das Ergebnis kreativer Arbeit der Küche mit der perfekten Präsentation des Service in elegant dekorierten Räumen

15.037

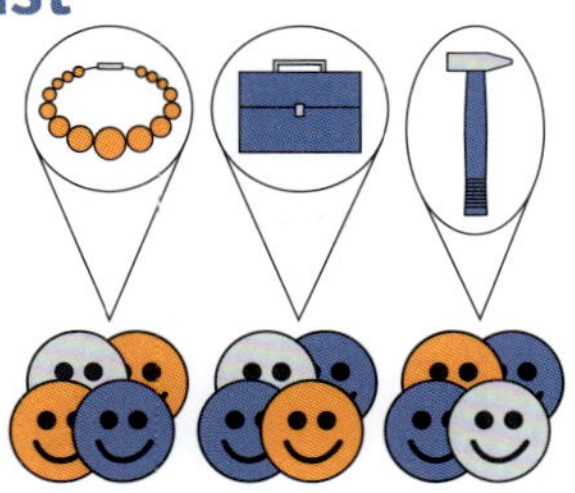

gesellschaftliche Schicht

ge·sell·schaft·li·che Schicht

eine Gruppe der Bevölkerung, die mit ähnlichen Regeln und Voraussetzungen in einem Staat leben, z. B. ähnliche Bildung, Ausbildung und Einkommen haben

15.038

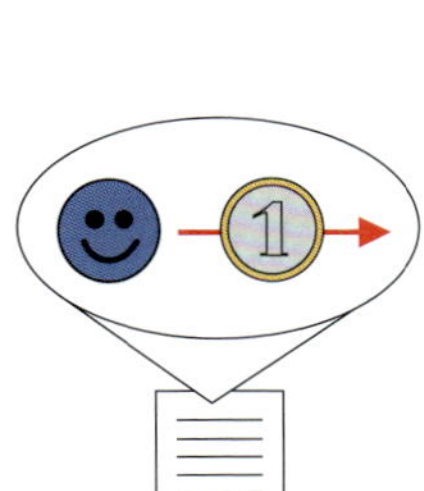

das Konsumverhalten

Kon·sum·ver·hal·ten *kein Plural*

hier: Regeln, die in Studien festgestellt werden und an denen man erkennen kann, welche Gäste wie viel Geld für Restaurant- oder Hotelbesuche ausgeben

15.039

die Verzehrabsicht

Ver·zehr·ab·sicht *kein Plural*

die Vorstellung, die ein Gast von dem hat, was er essen und trinken möchte

15.040

die Verzehrgewohnheit

Ver·zehr·ge·wohn·heit <-en>

die Tradition, nach der ein Gast Mahlzeiten und Getränke auswählt und konsumiert; z. B. immer eine heiße Suppe als Vorspeise

15.041

der Wohlstand

Wohl·stand *kein Plural*

so viel Besitz von Geld oder Dingen, die einen Wert haben, dass man sich finanziell sicher fühlt

15.042

Speisekarte

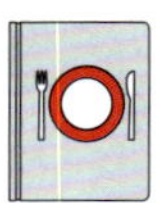
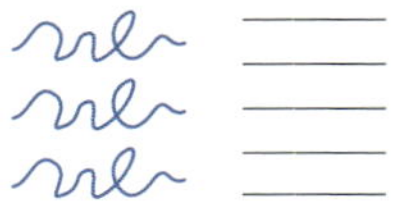

die **Aufmachung**
Auf·ma·chung <-en>
hier: die Art, wie eine Speisekarte geschrieben ist, z. B. ob sie verschiedene Schriften oder Bilder enthält
15.043

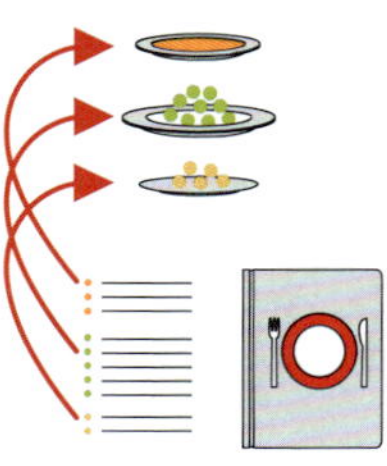

die **Gliederung**
Glie·de·rung <-en>
hier: die Art, wie die einzelnen Bereiche einer Speisekarte getrennt sind, z. B. zuerst alle Vorspeisen, dann alle Hauptspeisen, dann die Desserts
15.044

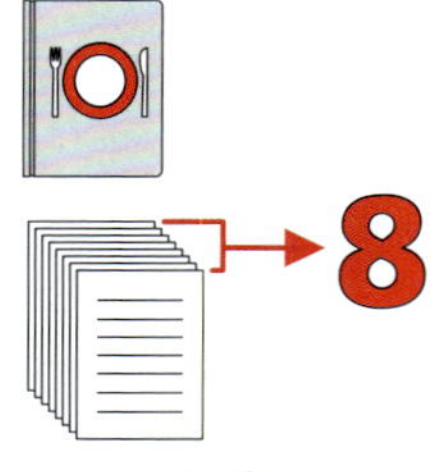

der **Umfang**
Um·fang <Umfänge>
hier: die Anzahl der Seiten einer Speisekarte
15.045

die **Abweichung**
Ab·wei·chung <-en>
hier: eine Änderung des Originalrezeptes eines bekannten Gerichtes, z. B. ungarisches Gulasch (Pörkölt) ohne Zwiebeln oder Paprika
15.046

der **Fantasiename**
Fan·ta·sie·na·me <-n>
hier: ein Name für eine Speise, durch den ein falscher Eindruck von der Art des Gerichtes entsteht, z. B. „Strammer Max" nicht mit Brot, sondern mit Kartoffeln
15.047

klassische Bezeichnung
klas·si·sche Be·zeich·nung
der Name für eine bestimmte Speise; von einem Gesetz geregelt, darf er nur verwendet werden, wenn die Speise nach dem Originalrezept hergestellt wird, z. B. „Forelle blau“ mit Wasser und Essig gekocht
15.048

sinnwidrige Verdoppelung
sinn·wid·ri·ge Ver·dop·pe·lung
ein Wort im Namen eines Lebensmittels oder einer Speise, das eine bereits bekannte Tatsache wiederholt, z. B. „Edelforelle“, weil Forelle sowieso ein Edelfisch ist
15.049

das Sprachgemisch
Sprach·ge·misch <-e>
hier: das Mischen mehrerer Sprachen im Namen für eine Speise, z. B. „Muscheln Saint-Malo“ (deutsch und französisch)
15.050

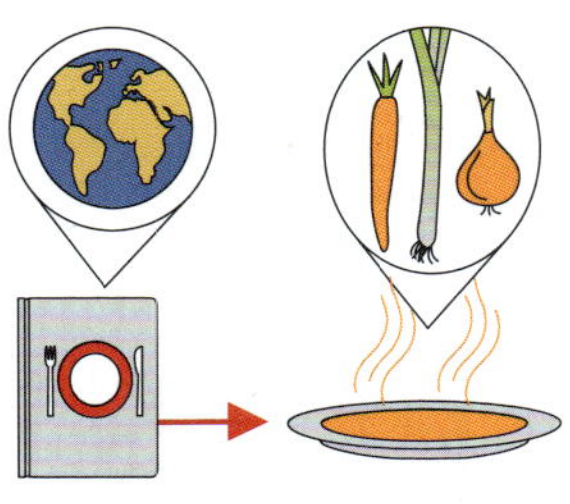

sprachliche Entgleisung
sprach·li·che Ent·glei·sung
hier: Namen für Speisen oder Gerichte, die keinen Sinn haben oder übertreiben, z. B. „grande cuisine“ für eine normale Gemüsesuppe
15.051

die Überschaubarkeit
Über·schau·bar·keit <-en>
hier: ein begrenztes Angebot und eine deutliche Präsentation der Gerichte auf einer Speisekarte
15.052

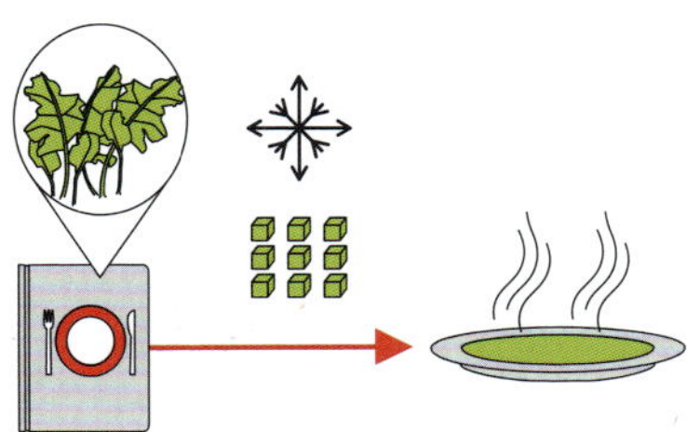

die Warenunterschiebung
Wa·ren·un·ter·schie·bung <-en>
eine falsche Angabe auf der Speisekarte, z. B. „frisches Gemüse“, wenn in Wirklichkeit ein gefrorenes Produkt verwendet wird
15.053

Wasser

ausreichende Flüssigkeitszufuhr

aus·rei·chen·de Flüs·sig·keits·zu·fuhr
hier: die Menge an Getränken ohne Alkohol, die man täglich trinken sollte, damit man gesund bleibt
16.001

einwandfrei

ein·wand·frei
hier: so ist Trinkwasser, das keine schädlichen Stoffe enthält
16.002

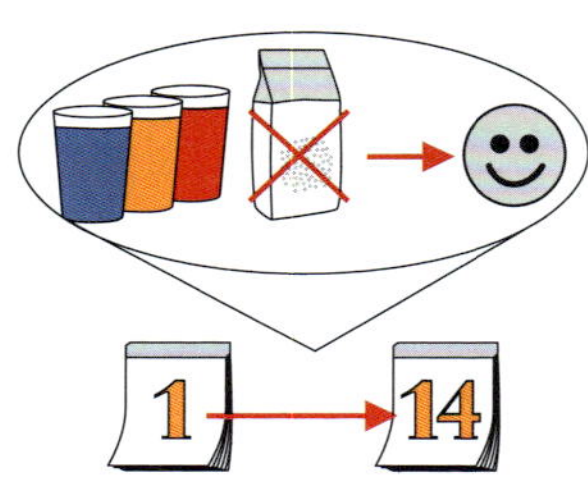

die Fastenkur

Fas·ten·kur <-en>
hier: eine längere Zeit, in der ein Mensch keine festen Lebensmittel zu sich nimmt, sondern nur Getränke ohne Zucker, z. B. Wasser und Tee
16.003

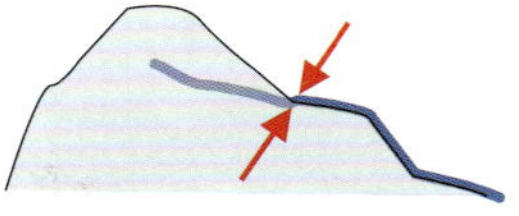

der Quellort

Quell·ort <-e>
hier: die Stelle, an der Wasser aus der Erde kommt und sichtbar wird
auch Quelle
16.004

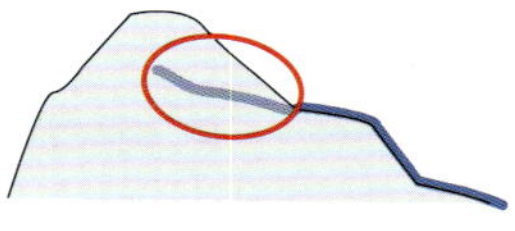

unterirdisch

un·ter·ir·disch
hier: so fließt Wasser oder ein Fluss, solange man es/ihn nicht auf der Erde sehen kann
16.005

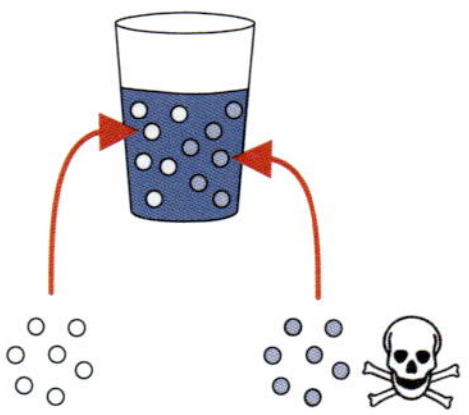

die Verunreinigung

Ver·un·rei·ni·gung <-en>
hier: Schmutz oder nicht sichtbare schädliche Stoffe, die sich im Wasser befinden
16.006

Saft

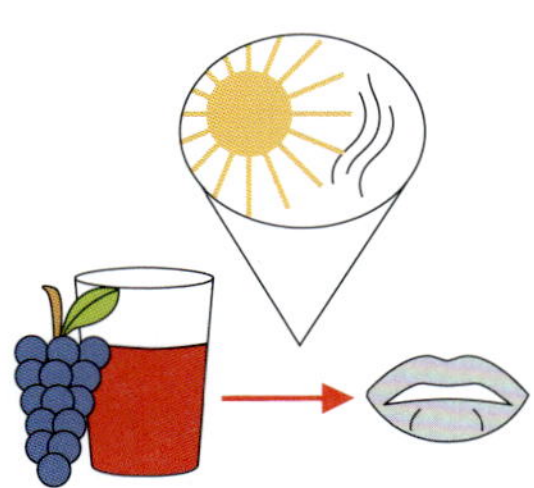

empfindlich

emp·find·lich

<empfindlicher, am empfindlichsten>

hier: so ist ein Saft aus frischen Früchten, der schnell schlecht wird, wenn er in der Wärme steht, z. B. Traubensaft

16.007

das Entkeimungsverfahren

Ent·kei·mungs·ver·fah·ren <->

hier: eine Methode, kleinste schädliche Teile (**Keime**) aus einer Flüssigkeit zu entfernen, um sie haltbar zu machen, z. B. bei Orangensaft

16.008

das/der Extrakt

Ex·trakt <-e>

hier: eine etwas dickere, **konzentrierte** Flüssigkeit aus Früchten oder Gemüse, z. B. aus Orangen

16.009

die Rückverdünnung

Rück·ver·dün·nung <-en>

das Mischen des **Extrakts** einer Frucht mit Wasser, sodass die Flüssigkeit dünner wird und eine Art Saft entsteht, z. B. von Orangen

16.010

die Trübung

Trü·bung <-en>

hier: eine Veränderung des Lichts, die sichtbar wird, wenn Licht in einer klaren Flüssigkeit auf kleine Teile trifft, z. B. auf sehr kleine Reste von Früchten

16.011

das Zwischenprodukt

Zwi·schen·pro·dukt <-e>

hier: ein **Extrakt** oder mit viel Zucker gemischter, dicker Saft, der erst nach dem Mischen mit Wasser getrunken werden kann

16.012

Limonade und Erfrischungsgetränke

die **Ausdauerbelastung**
Aus·dau·er·be·las·tung <-en>
eine anstrengende körperliche Aktivität über längere Zeit, z. B. mit dem Rad einen Berg hinaufzufahren
16.013

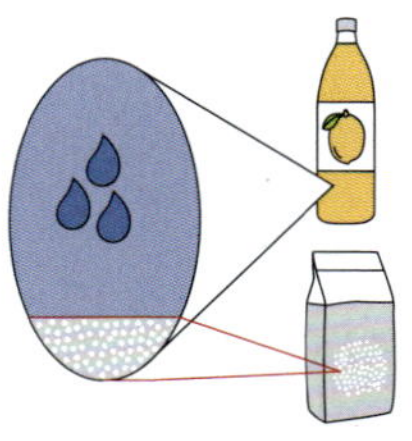

beträchtlich
be·trächt·lich
<beträchtlicher, am beträchtlichsten>
hier: so ist ein hoher Anteil von Zucker in manchen Getränken, z. B. in Limonade
16.014

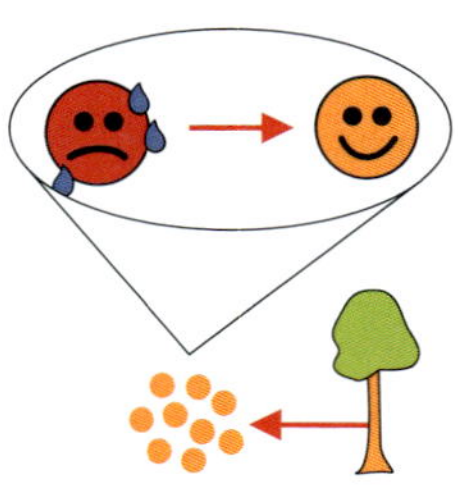

das **Chinin**
Chi·nin *kein Plural*
ein Stoff aus der Rinde eines speziellen Baumes; hilft bei Fieber und Schmerzen in Muskeln
16.015

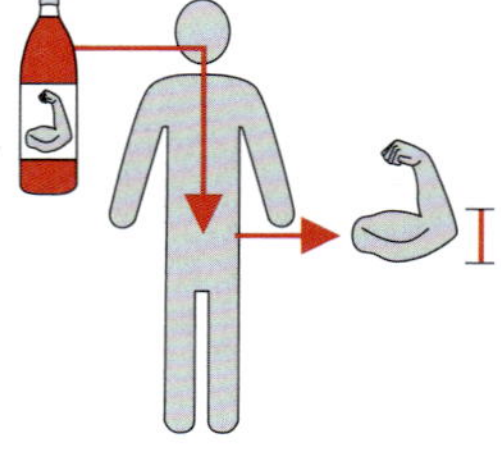

der **Energiegehalt**
Ener·gie·ge·halt <-e>
hier: das Maß an Energie, die im Körper durch die Stoffe in einem Getränk entsteht, z. B. durch Zucker
auch Brennwert
16.016

das **Erfrischungsgetränk**
Er·fri·schungs·ge·tränk <-e>
ein süßes oder leicht saures, kaltes Getränk auf der Grundlage von Wasser, immer ohne Alkohol; z. B. Zitronenlimonade
16.017

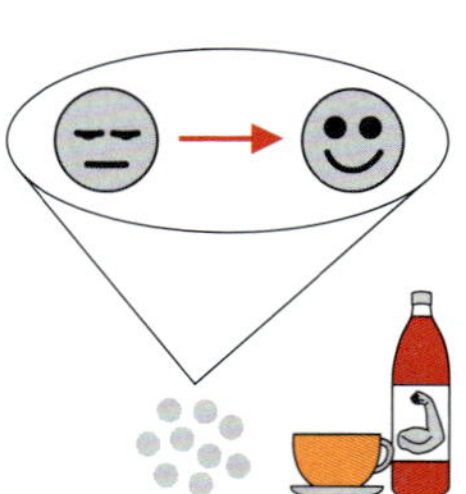

das **Koffein**
Kof·fe·in *kein Plural*
ein Stoff, der besonders in Kaffee, Tee und speziellen kalten Getränken (z. B. manchen Limonaden) enthalten ist; hilft, wenn man müde ist
16.018

Milch

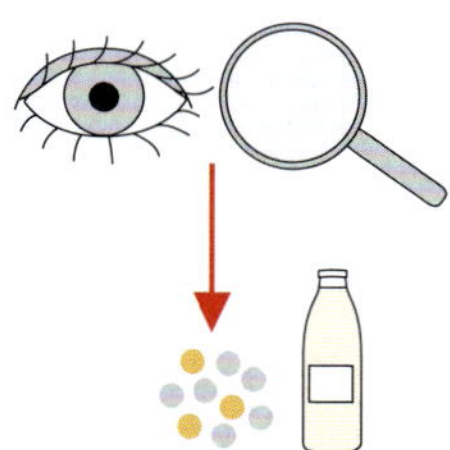

die **Analyse**
Ana·ly·se <-n>
hier: eine genaue Untersuchung der Stoffe, die in der Milch enthalten sind
16.019

entrahmt
ent·rahmt
hier: so ist Milch, deren Fett reduziert wurde
16.020

gemixt
ge·mixt
hier: so ist Milch, wenn sie mit einem anderen Getränk oder feinsten Teilen von Früchten gemischt ist, z. B. Erdbeermilchshake
16.021

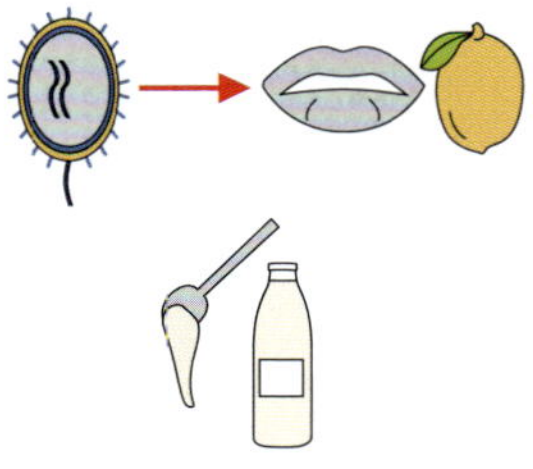

gesäuert
ge·säu·ert
hier: so ist Milch, wenn sie mit Hilfe von kleinsten **Lebewesen** den Geschmack ändert und dick wird, z. B. Joghurt
16.022

homogenisiert
ho·mo·ge·ni·siert
hier: so ist Milch, deren Fett durch hohen Druck mit einer Maschine in ganz kleine Tropfen geteilt wird
16.023

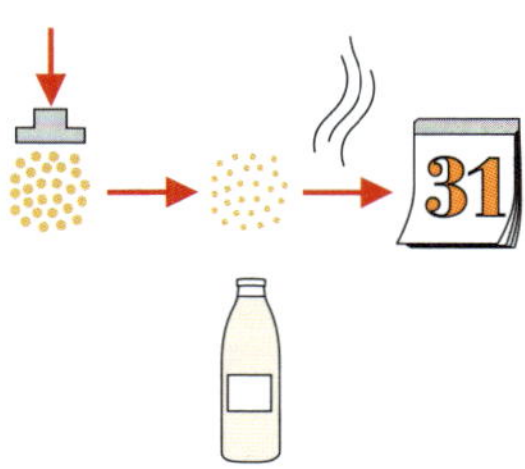

sterilisiert
ste·ri·li·siert
hier: so ist Milch, wenn sie erst **homogenisiert** und dann z. B. in einer geschlossenen Glasflasche sehr heiß gemacht wird
16.024

das Aufgussgetränk

Auf·guss·ge·tränk <-e>

ein Getränk, das meist mit heißem Wasser und getrockneten Teilen von Pflanzen hergestellt wird (Blätter/Früchte), die Pflanzenteile werden nicht mitgetrunken; Ausnahme: Kakao und Kaffee, der sich auflöst (Instantkaffee)

16.025

die Aufbereitung

Auf·be·rei·tung <-en>

hier: die verschiedenen Methoden, mit denen Kaffee, Tee und Kakao von der Ernte bis zum Verkauf behandelt werden; z. B. Trocknen in der Sonne

16.026

das Aufbrühen

Auf·brü·hen

hier: das Zubereiten eines Getränkes, indem heißes Wasser auf frische oder getrocknete Blätter von Tee oder **gemahlenen** Kaffee gegossen wird

auch Aufgießen

16.027

gemahlen

ge·mah·len

hier: so sind die gerösteten Früchte (Kaffeebohnen) des Kaffeebaumes, die mit einer speziellen Maschine fast so fein wie Mehl gemacht wurden

16.028

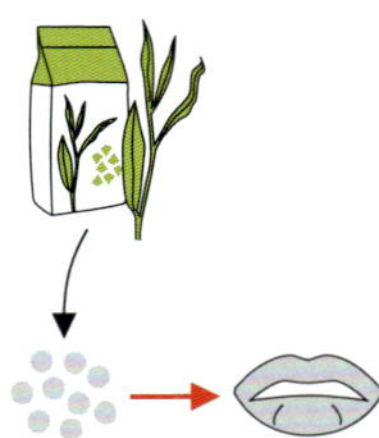

der Gerbstoff

Gerb·stoff <-e>

hier: ein Stoff, der im Tee enthalten ist und der den Geschmack beeinflusst

auch Gerbsäure, Tannin

16.029

geschmeidig

ge·schmei·dig

<geschmeidiger, am geschmeidigsten>

hier: so sind Teeblätter, die nicht mehr frisch, aber auch noch nicht trocken sind, also weich

16.030

die Mazeration

Ma·ze·ra·ti·on <-en>

hier: das, was geschieht, wenn **gemahlener** Kaffee in sehr heißem Wasser liegt und das Wasser den Geschmack des Kaffees bekommt

16.031

negative Auswirkung

ne·ga·ti·ve Aus·wir·kung
hier: eine nicht angenehme Konsequenz des Konsums eines Getränkes, z. B. können manche Menschen nicht gut schlafen, wenn sie am Abend Kaffee getrunken haben
16.032

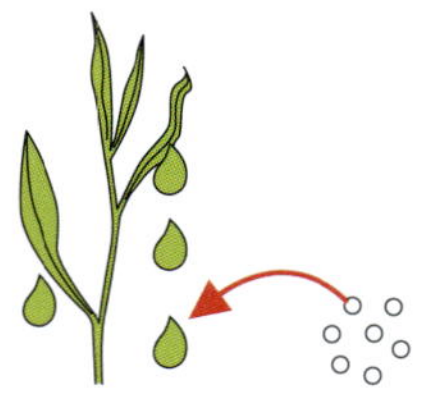

die Oxidation

Oxi·da·ti·on <-en>
hier: das Zusammenkommen des Saftes von Teeblättern mit Luft, dadurch werden die Teeblätter dunkler und verändern ihren Geschmack
16.033

physiologische Auswirkung

phy·sio·lo·gi·sche Aus·wir·kung
hier: die Wirkung, die bestimmte Stoffe in Tee oder Kaffee auf den Körper haben; z. B. dass man nicht mehr müde ist
16.034

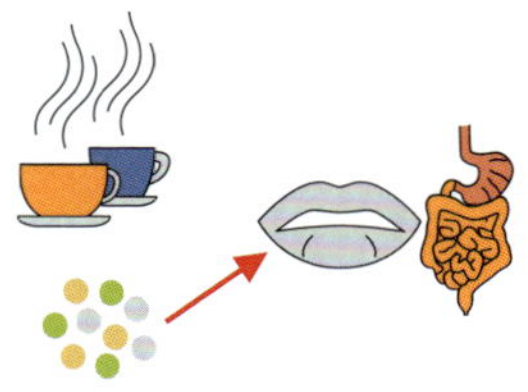

die Säure

Säu·re <-n>
hier: ein chemischer Stoff, der sowohl in Kaffee, als auch in Tee enthalten ist; kann Ursache für einen sauren Geschmack im Mund und Schmerzen im Magen sein
16.035

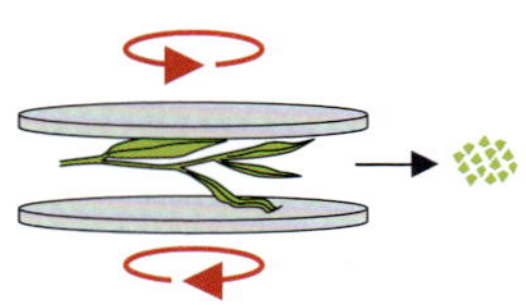

das Teerollen

Tee·rol·len
eine Vorbereitung der Teeblätter für das Trocknen; die Blätter werden von zwei großen Metallscheiben, die sich im Kreis bewegen, zu kleinen Teilen gedrückt
16.036

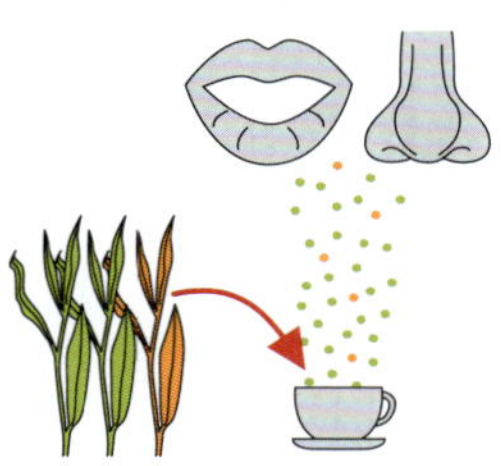

die Überlagerung

Über·la·ge·rung <-en>
hier: der stärkere Einfluss eines Geschmackes auf einen anderen, sodass er intensiver zu spüren ist, z. B. bei zwei gemischten Arten von Tee
16.037

Bier

das Brauverfahren
Brau·ver·fah·ren <->
die jeweils gewählte Methode, nach der ein Bier hergestellt wird
16.038

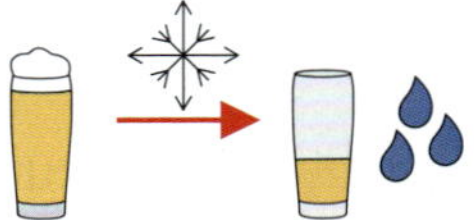

die Gefrierkonzentration
Ge·frier·kon·zen·tra·ti·on *kein Plural*
eine Methode, mit der Wasser durch große Kälte aus anderen Flüssigkeiten herausgezogen wird, z. B. aus Bier
auch Gefrierkonzentrieren
16.039

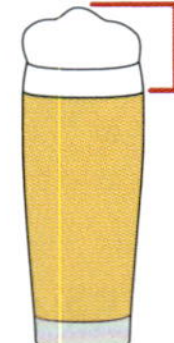

kompakte Schaumkrone
kom·pak·te Schaum·kro·ne
der lockere, weiße Teil oben auf frischem Bier, der entsteht, wenn man Bier in ein Glas gießt
16.040

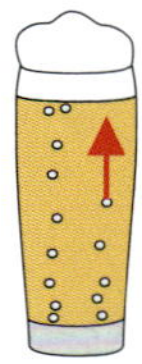

perlen
per·len <perlt, perlte, hat geperlt>
kleine Teile (Blasen) aus Luft steigen im Glas nach oben
16.041

das Reinheitsgebot
Rein·heits·ge·bot *kein Plural*
hier: die Vorschrift, dass Bier, das in Deutschland verkauft wird, nur mit bestimmten Zutaten hergestellt werden darf
16.042

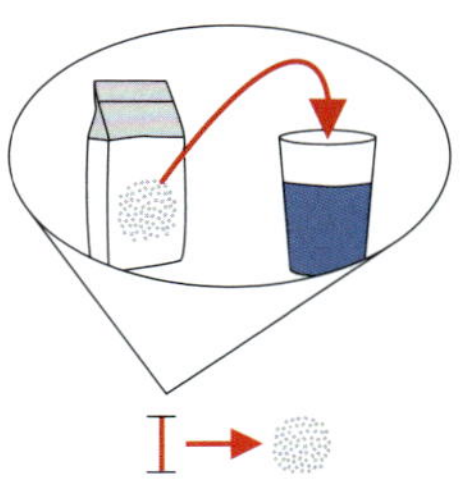

die Stammwürze
Stamm·wür·ze <-n> *lang* Stammwürzegehalt
ein Maß für den Zucker, der zu einem bestimmten Zeitpunkt im Wasser gelöst wurde; wird in Prozent (%) gemessen
16.043

Wein und Schaumwein

abgeschlossenes Behältnis
ab·ge·schlos·se·nes Be·hält·nis
hier: eine Flasche, die fest geschlossen ist
16.044

der Flaschenmund
Fla·schen·mund <Flaschenmünder>
der oberste Teil einer Flasche, dort, wo sie offen ist
16.045

fachgerecht liegend
fach·ge·recht lie·gend
so liegt eine Weinflasche, wenn der Gast den Namen des Weines sehen kann
16.046

frappieren
frap·pie·ren <frappiert, frappierte, hat frappiert>
Wein (meist Weißwein) mit Eis schnell kühlen
16.047

die Halsmanschette
Hals·man·schet·te <-n>
das Papier, Metall oder Plastik, das um den oberen Teil einer Flasche (Flaschenhals) geklebt ist
16.048

schräg geneigt
schräg ge·neigt
so ist das Glas für Rotwein, wenn der Wein hineingegossen wird
16.049

Produktion von Speisen

die **Grundmenge**
Grund·men·ge <-n>
hier: das Gewicht des bestimmenden Produktes für eine Speise und die dadurch festgelegte Anzahl der Portionen, z. B. ein Huhn je nach Größe für drei bis vier Portionen
17.001

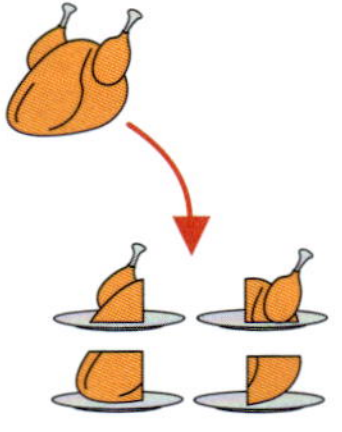

die **Herstellmenge**
Her·stell·men·ge <-n>
hier: die Anzahl der Portionen, die aus einem oder mehreren Produkten entstehen soll, z. B. wie viele Portionen aus einem Huhn gemacht werden können
auch Produktionsmenge
17.002

die **Rezeptmenge**
Re·zept·men·ge <-n>
die Anzahl der Portionen, für die ein Rezept geschrieben ist, z. B. vier Portionen Nudeln mit Tomatensauce
17.003

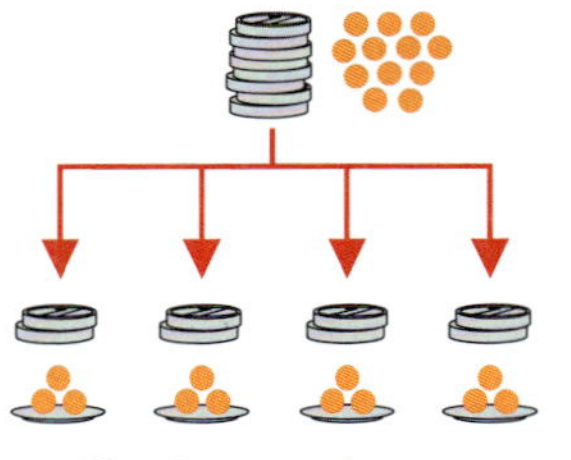

Kosten umlegen
Kos·ten um·le·gen
hier: die Preise aller benötigten Produkte auf die Anzahl der fertigen Speisen verteilen
17.004

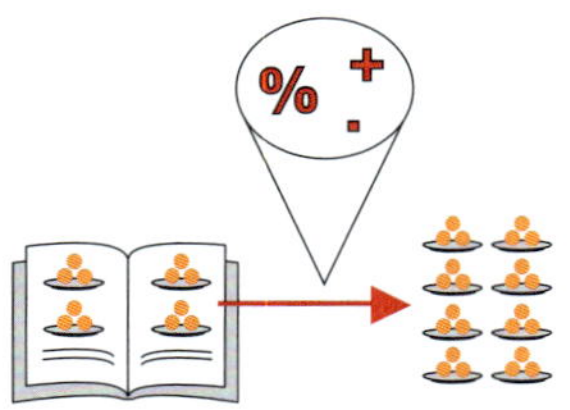

die **Umrechnung**
Um·rech·nung <-en>
hier: das Rechnen, welche Menge der Zutaten gebraucht wird, wenn ein Rezept z. B. für vier Portionen geschrieben ist, aber acht Portionen hergestellt werden sollen
17.005

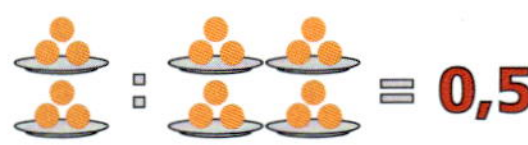

die **Umrechnungszahl**
Um·rech·nungs·zahl <-en>
die Zahl, die man erhält, wenn man die **Herstellmenge** durch die **Rezeptmenge** teilt; so kann man rechnen, wie viel von den Zutaten aus dem Rezept gebraucht wird, z. B. das Rezept ist für vier Portionen, es sollen aber nur zwei Portionen hergestellt werden
17.006

Berechnen und Bestellen

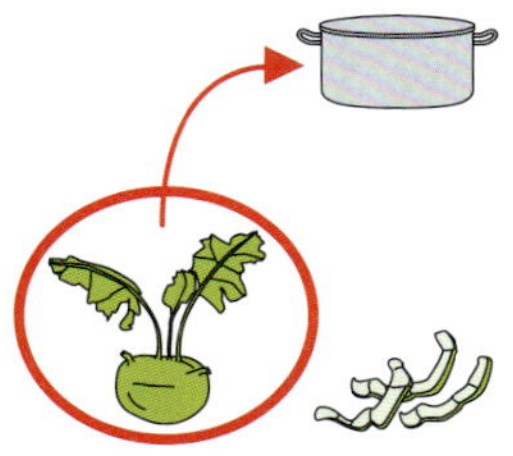

die Ausbeute
Aus·beu·te <-n>
hier: das, was von einem Lebensmittel verwendet werden kann, z. B. von Kohlrabi nur den inneren Teil und nicht das Äußere (die Schale)
17.007

das Einkaufsgewicht
Ein·kaufs·ge·wicht <-e>
das Gewicht, das ein Produkt hat, wenn es gekauft wird, auch wenn Teile davon später in der Küche nicht verwendet werden, z. B. das Äußere von Kohlrabi (die Schale)
17.008

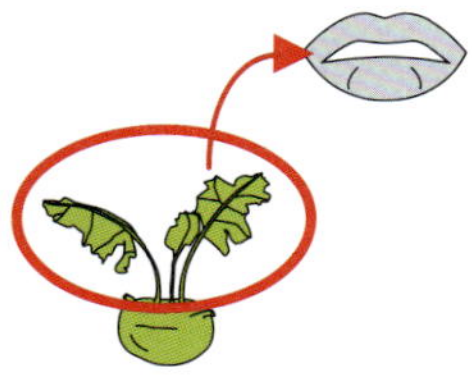

das Geringwertige
Ge·ring·wer·ti·ge *kein Plural*
hier: ein Teil von Lebensmitteln, der keine so gute Qualität hat wie das, was gerne gegessen wird, z. B. die Blätter von Kohlrabi
17.009

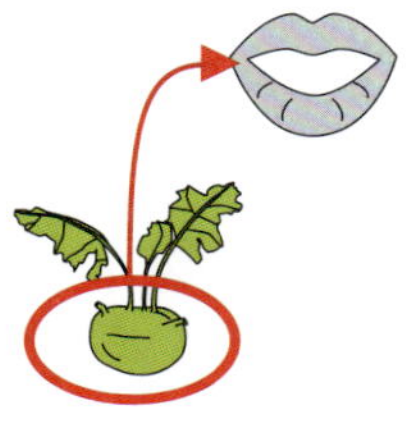

das Höherwertige
Hö·her·wer·ti·ge *kein Plural*
hier: ein Teil von Lebensmitteln, der eine bessere Qualität hat oder lieber gegessen wird als andere Teile, z. B. ein Kohlrabi roh oder gekocht
17.010

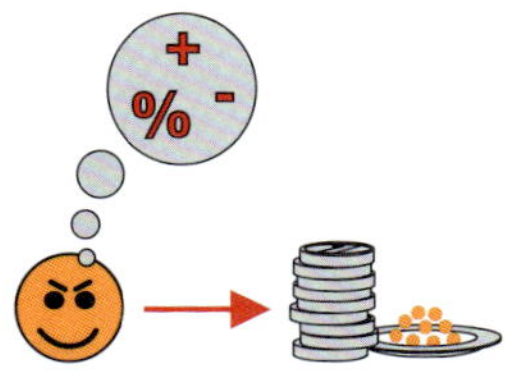

die Kalkulation
Kal·ku·la·ti·on <-en>
das möglichst genaue Rechnen und Feststellen von entstehenden Kosten, dem Preis und dem erwarteten Gewinn
17.011

die Kostenberechnung
Kos·ten·be·rech·nung <-en>
hier: das Feststellen des gesamten Betrages, der für die Herstellung einer Speise gezahlt werden muss, z. B. die Produkte, die Energie, der Lohn für die Arbeit des Kochs
17.012

die **Spalte**

Spal·te <-n>

hier: ein Teil einer **Tabelle**; Dinge, die zusammengehören, werden hier untereinander notiert, z. B. die Preise von Lebensmitteln

17.013

die **Tabelle**

Ta·bel·le <-n>

eine spezielle Art von Liste; die Notizen werden in bestimmter Form (in **Spalten**) eingetragen

17.014

verwertbarer Anteil

ver·wert·ba·rer An·teil

hier: der Teil von Lebensmitteln, der für Speisen verwendet werden kann, z. B. ein Apfel ohne sein Innerstes (Kerne und Kerngehäuse)

17.015

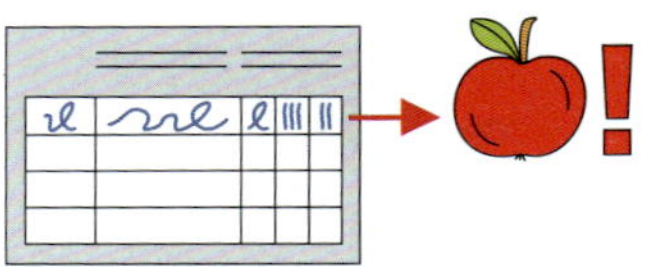

die **Materialanforderung**

Ma·te·ri·al·an·for·de·rung <-en>

ein Formular, auf dem eingetragen wird, was bestellt oder gekauft wird

17.016

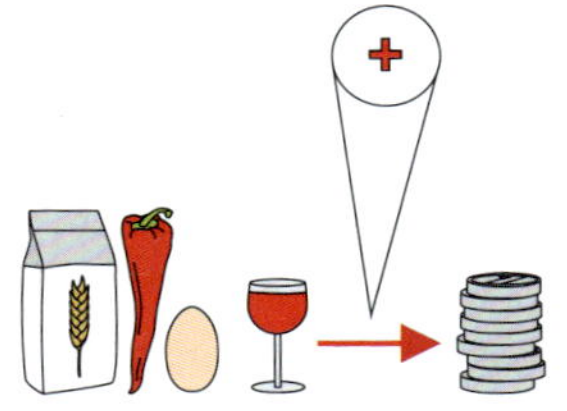

die **Warenkosten**

Wa·ren·kos·ten *nur Plural*

hier: die Summe aus den Kosten für die Produkte, die in der Küche gebraucht werden, und für die Getränke

17.017

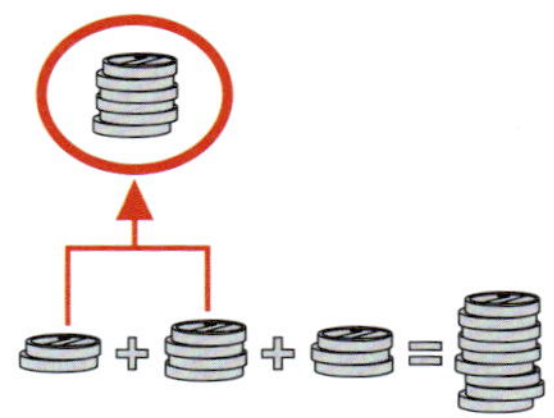

das **Zwischenergebnis**

Zwi·schen·er·geb·nis <-se>

hier: ein Betrag, der durch Rechnen entsteht, bevor das endgültige Ergebnis feststeht

17.018

Summand
+
Summand
=
Summe

addieren

ad·die·ren <addiert, addierte, hat addiert>
mindestens zwei Zahlen zusammenzählen; die Rechenart heißt Addition, die Zahlen sind die Summanden, Summe nennt man das Ergebnis
auch zusammenrechnen
17.019

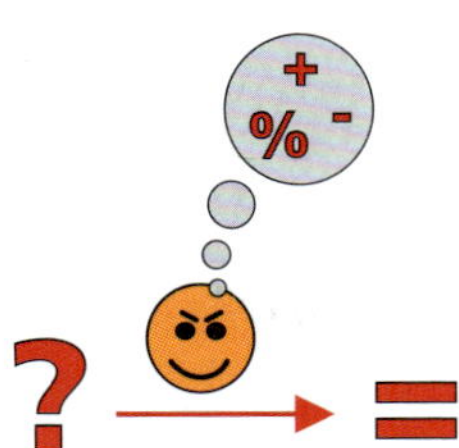

ausrechnen

aus·rech·nen
<rechnet aus, rechnete aus, hat ausgerechnet>
durch Rechnen eine Aufgabe lösen
17.020

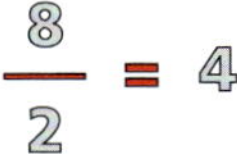

Zähler

Nenner

bruchrechnen

bruch·rech·nen <hat bruchgerechnet>
auf eine bestimmte Art ein Ganzes teilen; eine Zahl (Zähler) steht über dem Strich, eine Zahl (Nenner) steht unter dem Strich; die Rechenart heißt Bruchrechnung
17.021

Dividend
:
Divisor
=
Quotient

dividieren

di·vi·die·ren <dividiert, dividierte, hat dividiert>
eine Zahl (Dividend) durch eine andere Zahl (Divisor) teilen; das Ergebnis heißt Quotient; die Rechenart heißt Division
auch teilen
17.022

Faktor
·
Faktor
=
Produkt

multiplizieren

mul·ti·pli·zie·ren
<multipliziert, multiplizierte, hat multipliziert>
zwei oder mehr Zahlen (Faktoren) miteinander malnehmen, das Ergebnis heißt Produkt; die Rechenart heißt Multiplikation
auch vervielfachen
17.023

8 – 4 = 4

Minuend
–
Subtrahend
=
Differenz

subtrahieren

sub·tra·hie·ren
<subtrahiert, subtrahierte, hat subtrahiert>
eine oder mehrere Zahlen (Subtrahenden) werden von einer anderen Zahl (Minuend) abgezogen, das Ergebnis nennt man Differenz; die Rechenart heißt Subtraktion
auch abziehen
17.024

$$3^3 = 3 \cdot 3 \cdot 3 = 27$$

die **Potenz**
Po·tenz <-en>
lang Potenzwert
das Ergebnis einer speziellen Form des **Multiplizierens**, eine Zahl (**Basis**) wird mindestens einmal oder wiederholt mit sich selbst malgenommen; eine andere Zahl (**Exponent**) zeigt an, wie oft malgenommen wird
17.025

die **Basis**
Ba·sis <Basen>
hier: die Zahl, die mit sich selbst malgenommen wird
17.026

$$3^3 = 3 \cdot 3 \cdot 3 = 27$$

der **Exponent**
Ex·po·nent <-en>
hier: eine Zahl, die klein geschrieben und hochgestellt rechts neben der **Basis** steht; sie zeigt, wie oft die **Basis** mit sich selbst malgenommen werden soll
17.027

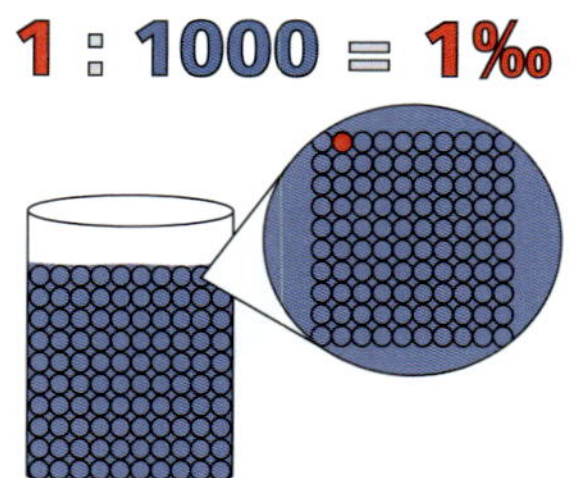

das **Promille**
Pro·mil·le <->
der tausendste Teil von einem Ganzen; wird berechnet, indem eine Zahl durch 1000 geteilt (**dividiert**) wird
17.028

$$1 : 100 = 1\%$$

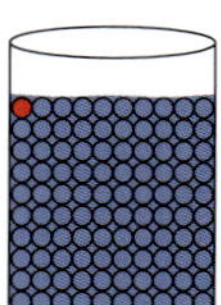

das **Prozent**
Pro·zent <-(e)>
der hundertste Teil von einem Ganzen; wird berechnet, indem eine Zahl durch 100 geteilt (**dividiert**) wird
17.029

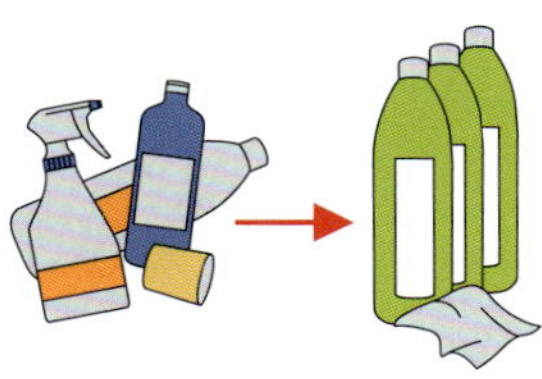

die Abfallverwertung

Ab·fall·ver·wer·tung <-en>

das Verwenden von Müll, um Energie oder neue Produkte herzustellen, z. B. aus Plastikmüll Material zum Verpacken

18.001

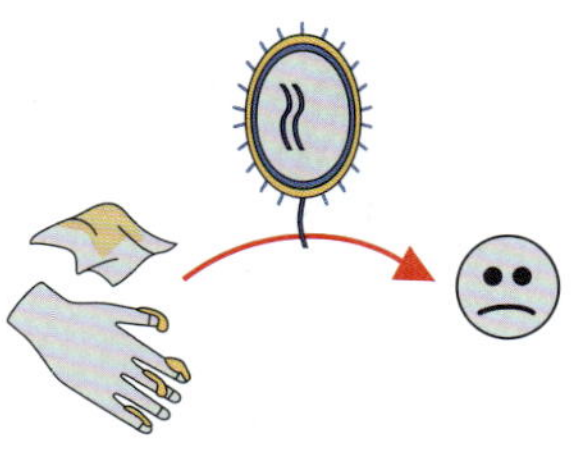

die Keimverschleppung

Keim·ver·schlep·pung <-en>

der Transport von schädlichen Stoffen oder **Bakterien** durch Kleidung, Haare oder Hände, z. B. weil die Hände nicht gewaschen sind

18.002

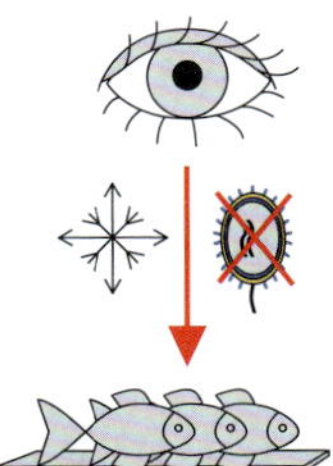

die Lebensmittelüberwachung

Le·bens·mit·tel·über·wa·chung <-en>

die regelmäßige Kontrolle darüber, dass die in der Küche verwendeten Produkte sauber gelagert und genügend gekühlt sind

18.003

die Mindestanforderung

Min·dest·an·for·de·rung <-en>

hier: eine unbedingt zu erfüllende Forderung; steht in verschiedenen Vorschriften für die Sauberkeit in Küche, Kühlräumen und im **Magazin**

18.004

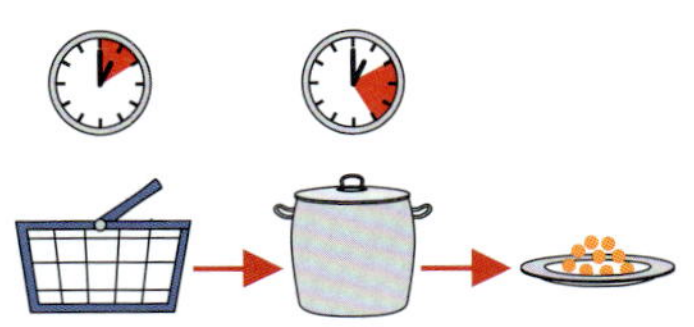

der Produktionsfluss

Pro·duk·ti·ons·fluss <Produktionsflüsse>

die verschiedenen Dinge, die in einer bestimmten Geschwindigkeit und Reihenfolge getan werden müssen, damit am Schluss ein fertiges Produkt entsteht, z. B. eine Speise

18.005

sachgerechtes Abkühlen

sach·ge·rech·tes Ab·küh·len

das Kühlen eines Lebensmittels in der notwendigen Zeit und mit der richtigen Temperatur; Zeit und Temperatur werden von der Größe und Art des Lebensmittels bestimmt, z. B. ein großes gekochtes Stück Fleisch braucht länger, um kalt zu werden, als ein kleines Dessert

18.006

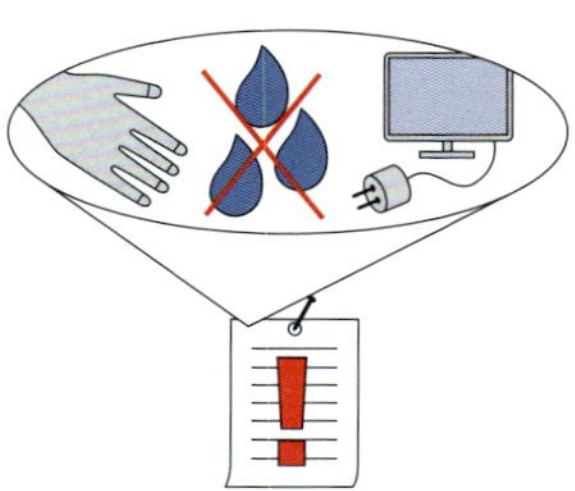

die Sicherungsmaßnahme

Si·che·rungs·maß·nah·me <-n>
hier: Vorschriften, die ein Betrieb zusätzlich zu dem macht, was im Gesetz steht, z. B. dass mit nassen Händen keine elektrischen Geräte benutzt werden dürfen
18.007

der Sondermüll

Son·der·müll *kein Plural*
Abfall, der entweder leicht brennt oder gefährliche Gase oder giftige Stoffe enthält
18.008

der Wertekreislauf

Wer·te·kreis·lauf <Wertekreisläufe>
ein System, nach dem Abfall geteilt wird in Dinge, die noch einmal verwendet werden können und Dinge, die man nicht mehr brauchen kann, z. B. Plastik für neue Flaschen oder Reste von Lebensmitteln
18.009

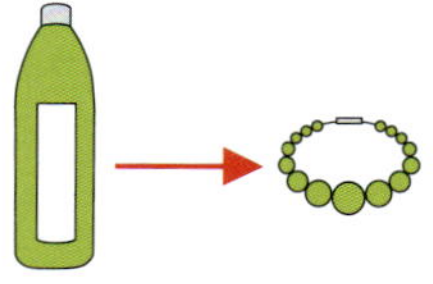

die Wiederverwertung

Wie·der·ver·wer·tung <-en>
das Verändern und nochmalige Verwenden eines Gegenstandes, der schon einmal gebraucht wurde, z. B. aus einer Plastikflasche wird Schmuck
18.010

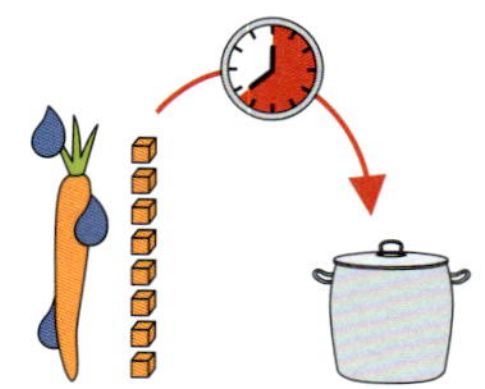

zeitliche und thermische Entkoppelung

zeit·li·che und ther·mi·sche Ent·kop·pe·lung
die Vorbereitung eines Lebensmittels findet zu einem viel früheren Zeitpunkt statt, als es dann für das Herstellen verschiedener Speisen gekocht oder gebraten wird; z. B. Gemüse wird gewaschen und geschnitten, aber erst viel später gekocht
18.011

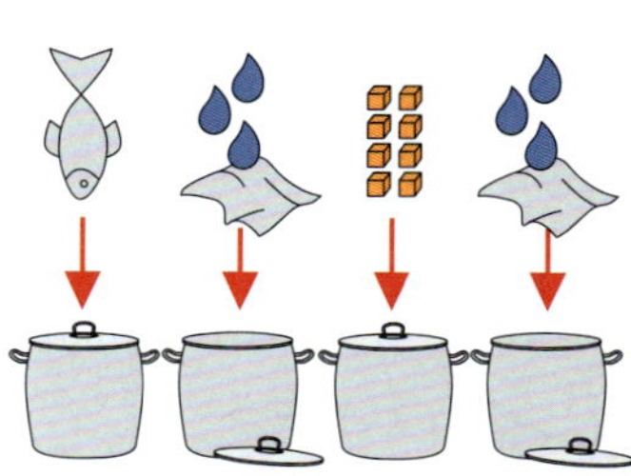

die Zwischenreinigung

Zwi·schen·rei·ni·gung <-en>
hier: Geräte und Geschirr, die zum Kochen benötigt werden, werden zwischen verschiedenen Arbeiten immer wieder gründlich sauber gemacht
18.012

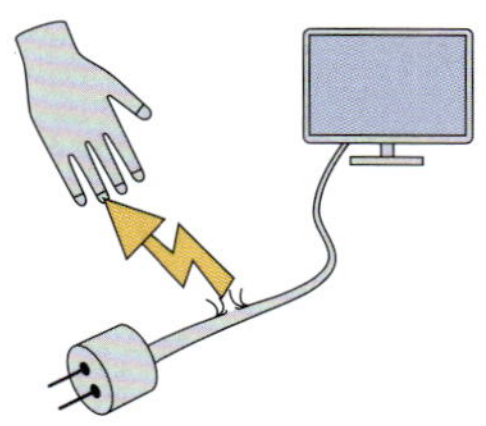

elektrischer Schlag

elek·tri·scher Schlag
Schmerzen oder eine Verletzung durch Strom, wenn man z. B. an ein beschädigtes Kabel fasst
19.001

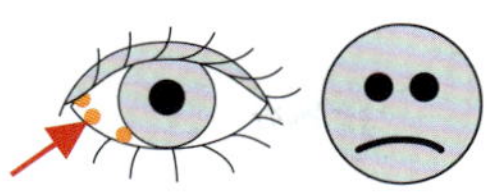

der Fremdkörper

Fremd·kör·per <->
etwas, das sich im oder am Körper befindet und stört oder Schmerzen verursacht, z. B. Sand im Auge
19.002

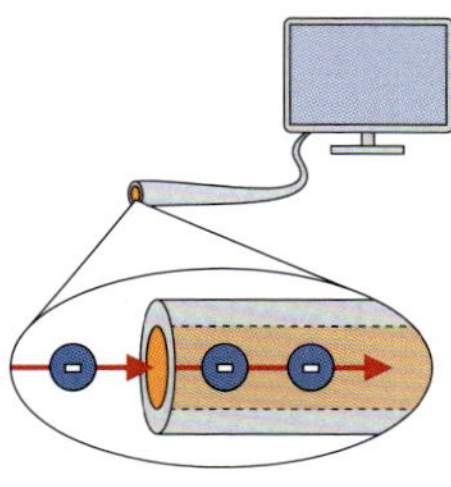

die Leitfähigkeit

Leit·fä·hig·keit <-en>
hier: die Fähigkeit verschiedener Materialien, die Strom transportieren können, z. B. das Metall in einem Kabel (einer Leitung)
19.003

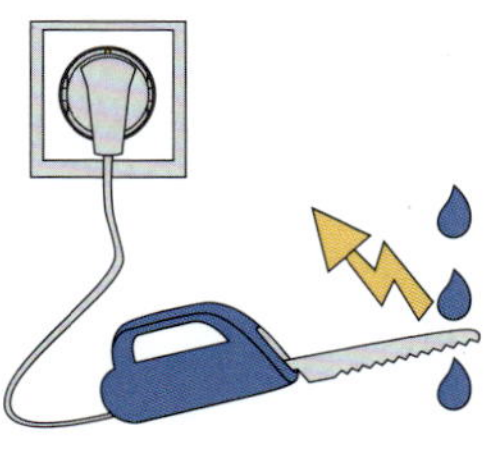

unsachgemäße Behandlung

un·sach·ge·mä·ße Be·hand·lung
hier: eine falsche Art, mit einem Gerät umzugehen; z. B. ein elektrisches Messer mit Kabel in der Steckdose unter Wasser halten
19.004

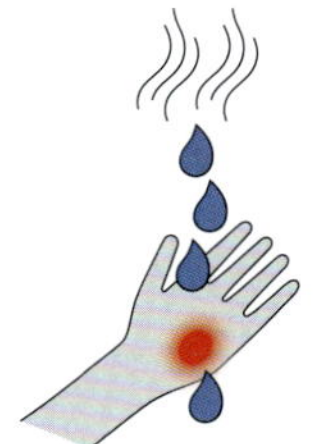

die Verbrühung

Ver·brü·hung <-en>
eine Verletzung, die durch sehr heiße Flüssigkeit entsteht, z. B. durch kochendes Wasser
19.005

der Wegeunfall

We·ge·un·fall <Wegeunfälle>
ein Unfall, der bei der Arbeit beim Laufen und auf Treppen oder Leitern geschieht
19.006

Gefahr durch Feuer

der **Brandherd**
Brand·herd <-e>
sowohl der Punkt, an dem ein Feuer entsteht, als auch das, was zuerst gebrannt hat; z. B. eine Pfanne mit Öl auf einem Gasherd
19.007

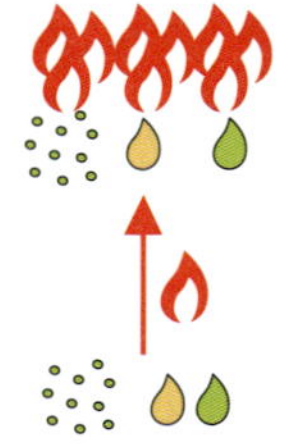

brennbarer Stoff
brenn·ba·rer Stoff
ein Material oder Gas, das weiter brennt, wenn es einmal angezündet wurde
19.008

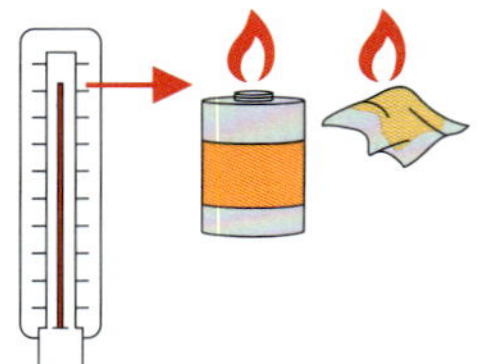

die **Entzündungstemperatur**
Ent·zün·dungs·tem·pe·ra·tur <-en>
lang Selbstentzündungstemperatur
die Temperatur, die ein Material haben muss, damit es von selbst beginnt zu brennen, ohne dass es angezündet wurde
auch Entzündungspunkt, Zündtemperatur, Zündpunkt
19.009

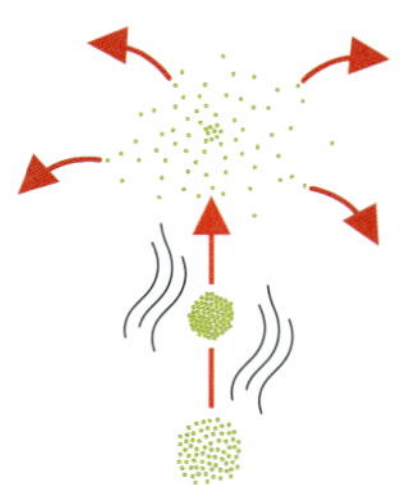

explosiver Stoff
ex·plo·si·ver Stoff
ein bestimmtes festes oder flüssiges Material oder Gas, das durch Hitze so hohen Druck entwickelt, dass es in die Luft fliegt (explodiert)
19.010

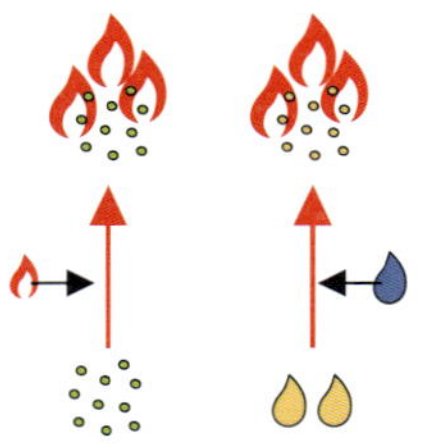

leicht entzündlicher Stoff
leicht ent·zünd·li·cher Stoff
ein festes oder flüssiges Material oder Gas, das sich selbst anzünden kann, nach sehr kurzem Kontakt mit Feuer brennt oder bei Kontakt mit Wasser Gase entwickelt, die leicht brennen
19.011

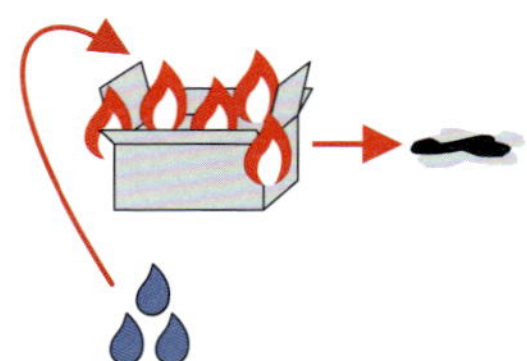

das **Löschmittel**
Lösch·mit·tel <->
ein fester oder flüssiger Stoff oder ein Gas, mit dem man Feuer löschen kann, z. B. brennendes Holz, Papier oder Pappe mit Wasser
19.012

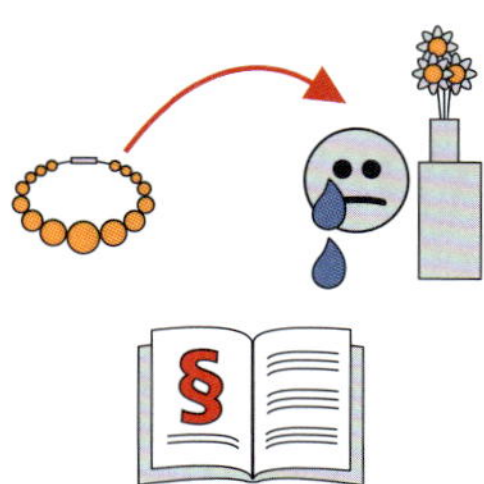

die **Ablieferungspflicht**
Ab·lie·fe·rungs·pflicht <-en>
hier: die Pflicht, Dinge, die einem Gast gehören und vom Personal im Hotel oder Restaurant gefunden werden, dem Gast zurückzugeben oder an der zuständigen Stelle abzugeben, z. B. ein Schmuckstück an der Rezeption
20.001

die **Anzeigepflicht**
An·zei·ge·pflicht <-en>
hier: die Pflicht, sofort an der Rezeption oder beim Chef zu melden, wenn man etwas gefunden hat, das einem Gast gehört
20.002

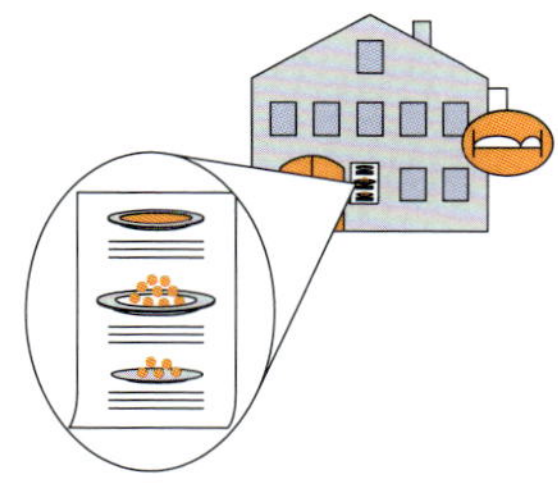

der **Aushang**
Aus·hang <Aushänge>
hier: eine Speisekarte, die außen am Restaurant hängt
20.003

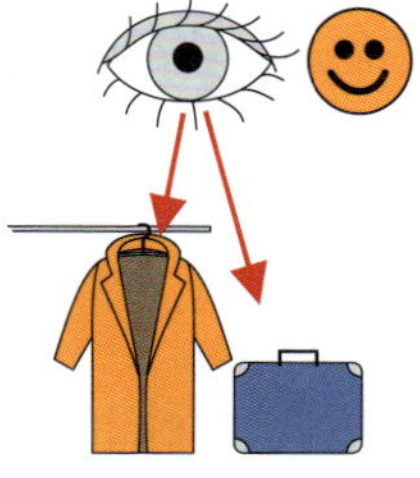

die **Beaufsichtigung**
Be·auf·sich·ti·gung <-en>
hier: das Aufpassen auf persönliche Gegenstände eines Gastes
20.004

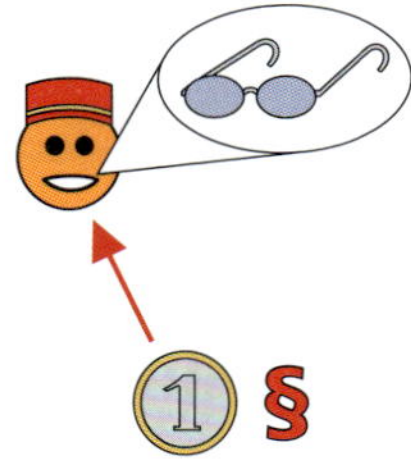

der **Finderlohn**
Fin·der·lohn <Finderlöhne>
Geld, das jemand bekommt, der eine verlorene Sache gefunden hat und zurückgibt; die Höhe des Betrages ist gesetzlich geregelt
20.005

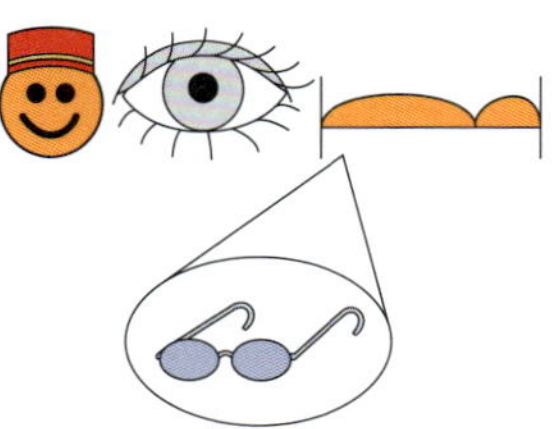

die **Fundsache**
Fund·sa·che <-n>
ein verlorener Gegenstand, der von jemandem gefunden wird; z. B. eine Brille unter dem Bett
20.006

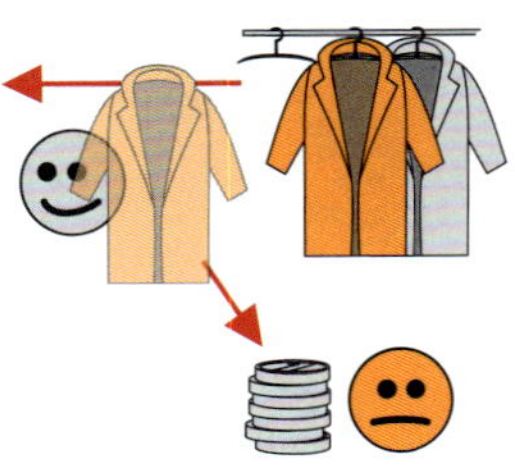

die **Haftung**

Haf·tung <-en>

die finanzielle Verantwortung für einen Schaden, der jemandem entsteht, z. B. wenn ein Mantel an der Garderobe gestohlen wird

20.007

der **Inklusivpreis**

In·klu·siv·preis <-e>

hier: der Preis für eine Speise, in dem alle Kosten enthalten sind, z. B. die Produkte, die Arbeit in der Küche und der Service

20.008

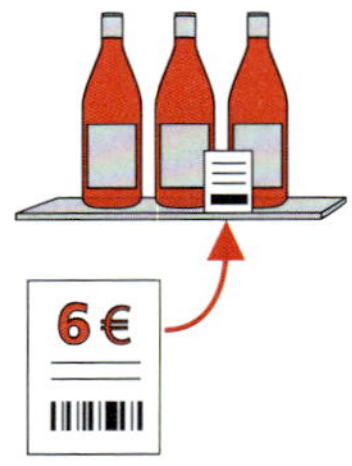

die **Preisauszeichnung**

Preis·aus·zeich·nung <-en>

das Kleben oder Festmachen eines Schildes auf oder an eine Ware, damit der Kunde sehen kann, was das Produkt kostet, z. B. bei einer Weinflasche

20.009

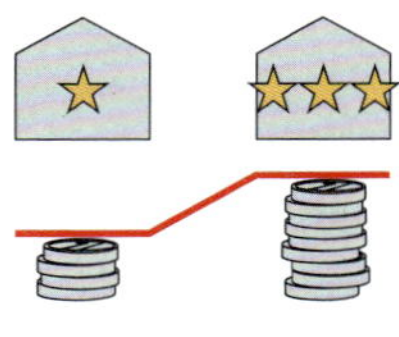

das **Preisniveau**

Preis·ni·veau <-s>

hier: die Höhe der Preise, die in einem Restaurant oder Hotel verlangt werden: z. B. höhere Preise, wenn ein Hotel mehrere Sterne hat

20.010

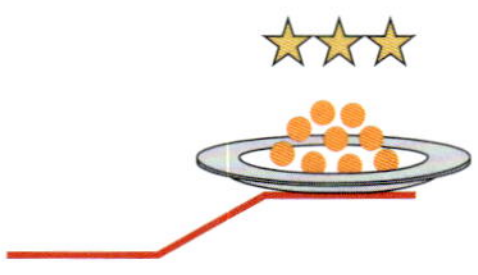

das **Qualitätsniveau**

Qua·li·täts·ni·veau <-s>

hier: die Stufe, auf der Einrichtung, Service oder das Essen eines Hotels oder Restaurants sind; z. B. hohes Niveau bei sehr gutem Essen

20.011

die **Schichtzeit**

Schicht·zeit <-en>

die Zeit, in der jemand arbeiten darf oder muss einschließlich der Pausen, aber ohne eine längere Ruhezeit; diese Zeit ist gesetzlich geregelt

20.012

Gesetze und Vorschriften

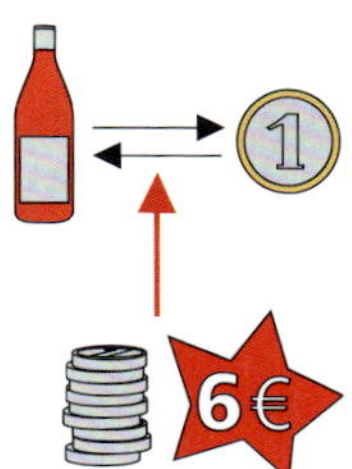

absatzpolitisches Instrument

ab·satz·po·li·ti·sches Ins·tru·ment
ein Ausdruck für das, was den Verkauf eines Produktes mitbestimmt; z. B. die Höhe des Preises oder die Werbung
20.013

der Bewirtungsvertrag

Be·wir·tungs·ver·trag <Bewirtungsverträge>
verschiedene Vorschriften dafür, wie und dass der Wirt einem Gast eine Speise oder ein Getränk zubereiten und servieren muss
20.014

der Geltungsbereich

Gel·tungs·be·reich <-e>
hier: die Gebäude, Räume und Menschen, für die die speziellen Gesetze für Gastronomie und Hotels gültig sind
20.015

das Gesetz zur Einbeziehung Allgemeiner Geschäftsbedingungen

Ge·setz zur Ein·be·zie·hung All·ge·mei·ner Ge·schäfts·be·din·gun·gen
ein Gesetz, das regelt, dass die Partner eines Vertrages beide mit den Bedingungen (AGB) für den Vertrag einverstanden sein müssen, bevor der Vertrag gültig wird
20.016

das Jugendarbeitsschutzgesetz

Ju·gend·ar·beits·schutz·ge·setz <-e>
kurz JArbSchG
ein Gesetz, das junge Menschen unter anderem davor schützt, zu lange zu arbeiten oder gefährliche Arbeiten erledigen zu müssen
20.017

das Lebensmittelrecht

Le·bens·mit·tel·recht <-e>
ein Gesetz, das regelt, wie Lebensmittel produziert und behandelt werden müssen, z. B. ob sie gekühlt gelagert werden sollen
20.018

das **Lebensmittel- und Futtermittelgesetzbuch**
Le·bens·mit·tel- und Fut·ter·mit·tel·ge·setz·buch
kurz LFGB
ein Buch, in dem alle Gesetze für menschliche Lebensmittel und Futter für Tiere gesammelt sind, z. B. dass Tiere mit gesundem Futter ernährt werden müssen, damit Menschen ihr Fleisch oder die Eier essen können
20.019

offene Ware
of·fe·ne Wa·re
Produkte, die nicht verpackt sind; z. B. Brot oder Kuchen beim Bäcker
20.020

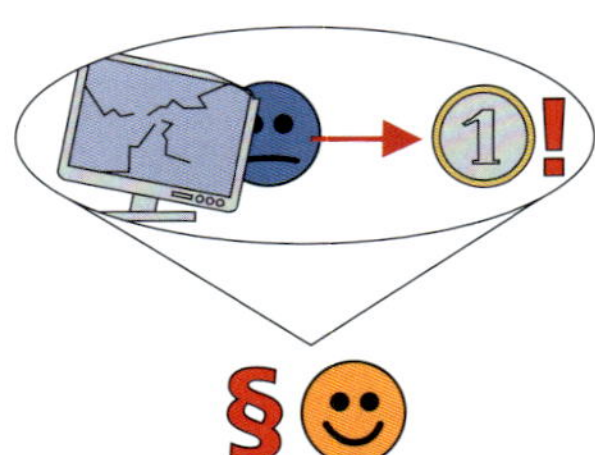

das **Pfandrecht**
Pfand·recht <-e>
das Recht eines Wirtes darauf, dass Gäste Schäden, für die sie die Verantwortung tragen, bezahlen
20.021

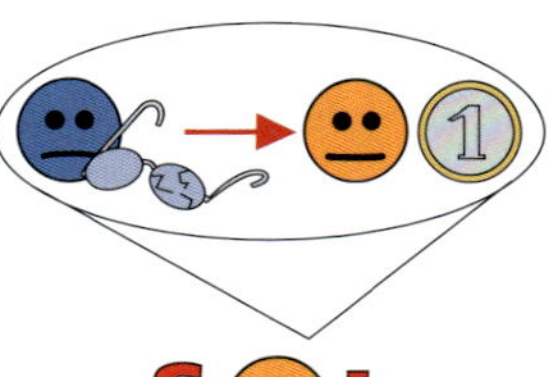

die **Schadenshaftung**
Scha·dens·haf·tung <-en>
hier: die Pflicht eines Wirtes, unter bestimmten Bedingungen für einen Schaden, den ein Gast hat, die Verantwortung zu übernehmen
20.022

die **Verordnung über Lebensmittelhygiene**
Ver·ord·nung über Le·bens·mit·tel·hy·gi·ene
kurz LMHV
verschiedene Vorschriften, die regeln, wie mit Lebensmitteln umgegangen werden muss, wenn sie verkauft werden
auch Lebensmittelhygieneverordnung
20.023

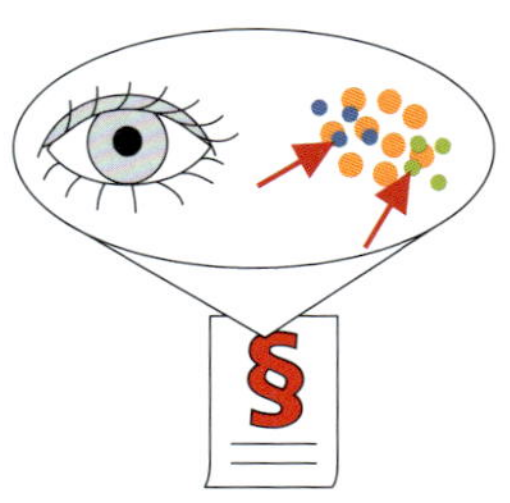

die **Zusatzstoff-Zulassungsverordnung**
Zu·satz·stoff-Zu·las·sungs·ver·ord·nung
kurz ZZulV
verschiedene Vorschriften, die regeln, welche Stoffe in Lebensmitteln für den Gast oder Kunden zu erkennen sein müssen, z. B. Farben oder Stoffe, die das Lebensmittel haltbar machen (Konservierungsstoffe)
20.024

Kennzeichnung von Lebensmitteln

Kenn·zeich·nung von Le·bens·mit·teln
Angaben auf verpackten Lebensmitteln darüber, was die Produkte enthalten; diese Angaben sind gesetzlich geregelt
20.025

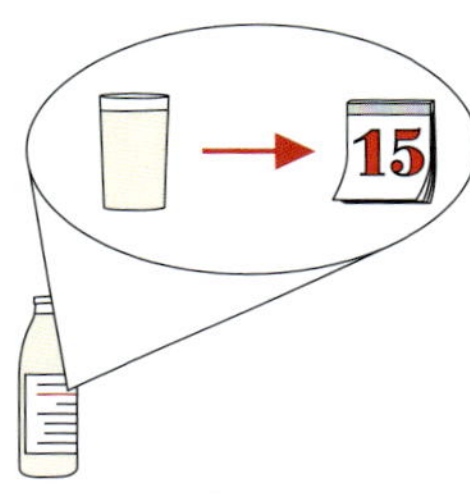

das Mindesthaltbarkeitsdatum

Min·dest·halt·bar·keits·da·tum <Mindesthaltbarkeitsdaten>
eine Angabe darüber, bis zu welchem Tag ein Produkt mindestens konsumiert werden kann, ohne dass es schädlich für die Gesundheit ist
20.026

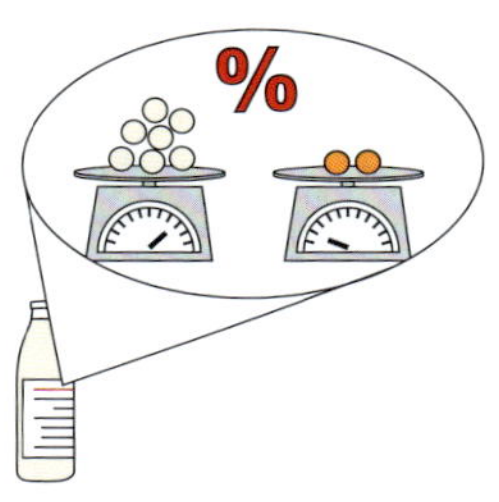

die Mengenkennzeichnung

Men·gen·kenn·zeich·nung <-en>
eine Angabe, die zeigt, welche Mengen von Zutaten und Stoffen in einem Lebensmittel enthalten sind; meist in **Prozent**
auch QUID-Leitlinie
20.027

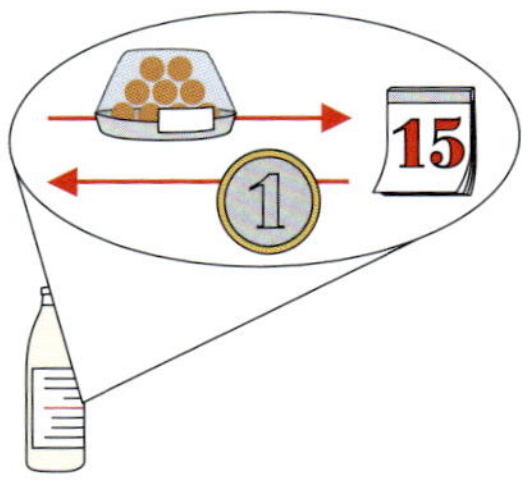

das Verbrauchsdatum

Ver·brauchs·da·tum <Verbrauchsdaten>
eine Angabe, die das Datum zeigt, bis zu dem ein verpacktes Lebensmittel verkauft und verbraucht werden darf, z. B. bei rohem Fleisch
20.028

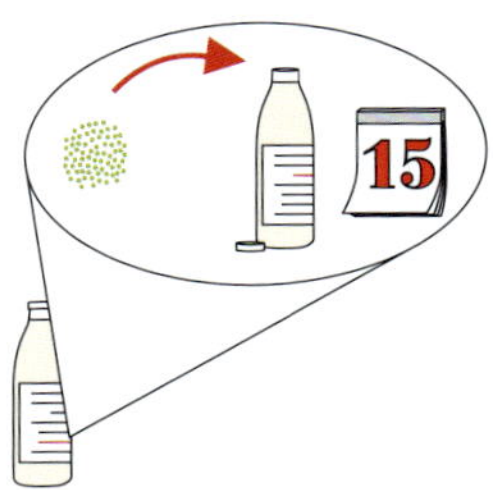

der Zusatzstoff

Zu·satz·stoff <-e>
einer der Stoffe, die oft künstlich hergestellt werden und die Geschmack, Farbe oder Haltbarkeit eines Lebensmittels verändern; auf verpackten Produkten ist die Angabe Pflicht und beginnt mit „E"
20.029

das **Siegel**
Sie·gel <-> *lang* Prüfsiegel
hier: ein Kennzeichen für Lebensmittel,
die nach speziellen Regeln oder Vorschriften hergestellt wurden
20.030

das Bio-Siegel
Bio-Sie·gel <->
hier: ein Kennzeichen für Lebensmittel,
die ökologisch hergestellt wurden
20.031

das EU-Bio-Logo
EU-Bio-Lo·go <-s>
hier: ein Kennzeichen der EU für Lebensmittel,
die ökologisch hergestellt wurden
auch EU-Bio-Siegel
20.032

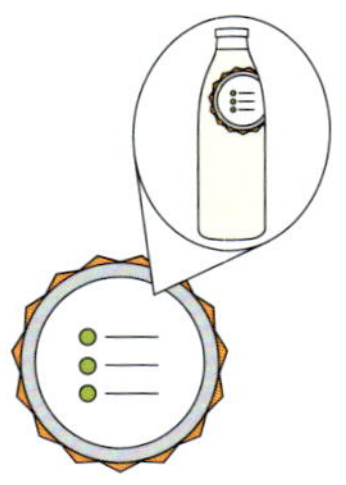

das Qualitätssiegel
Qua·li·täts·sie·gel <->
hier: ein Kennzeichen, das zeigt, dass
das Produkt spezielle Vorschriften für
Herkunft und/oder Herstellung erfüllt
auch Gütesiegel
20.033

das Zertifikat
Zer·ti·fi·kat <-e>
hier: eine schriftliche Bestätigung,
ein gedrucktes Schild oder ein **Siegel** dafür,
dass bestimmte Vorschriften zur Qualität eines
Produktes oder Lebensmittels erfüllt sind
20.034

Verbot

der Erfüllungsgehilfe
Er·fül·lungs·ge·hil·fe <-n>
ein Mensch, der einem anderen bei einer Tätigkeit hilft, aber kein Angestellter von ihm ist, z. B. ein Freund des Kochs, der in der Küche hilft, aber kein gelernter Koch ist
20.035

der Verrichtungsgehilfe
Ver·rich·tungs·ge·hil·fe <-n>
ein Angestellter oder Arbeitnehmer, der für seinen Chef eine Arbeit erledigt, z. B. ein gelernter Kellner, der fest in einem Restaurant beschäftigt ist
20.036

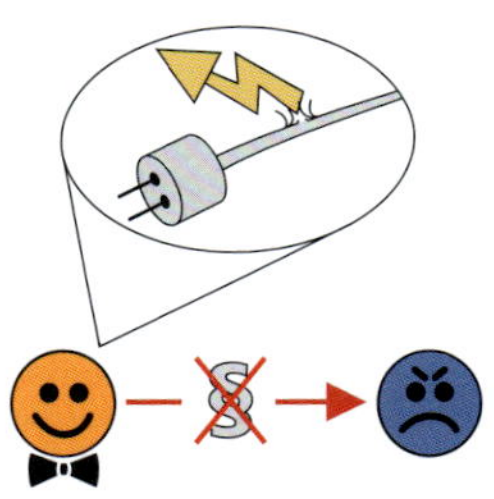

unerlaubte Handlung
un·er·laub·te Hand·lung
hier: ein Verhalten, das gesetzlich verboten ist und einer anderen Person schadet; z. B. eine Steckdose nicht zu sichern, sodass jemand einen **elektrischen Schlag** bekommt
20.037

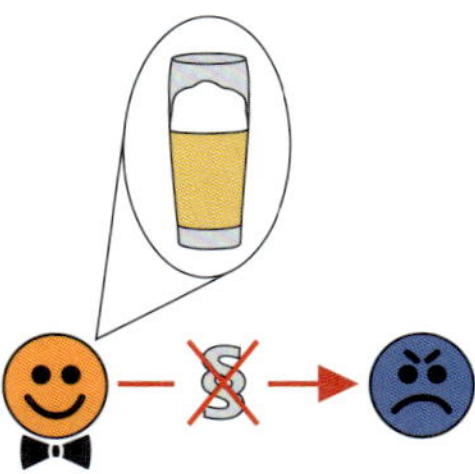

unlautere geschäftliche Handlung
un·lau·te·re ge·schäft·li·che Hand·lung
ein verbotenes Verhalten, mit dem jemand Gästen, Kunden oder der Konkurrenz schadet; z. B. zu sagen, dass Getränke oder Speisen in einem anderen Restaurant schlechte Qualität haben
20.038

unlauterer Wettbewerb
un·lau·te·rer Wett·be·werb
ein verbotenes Verhalten, das der Konkurrenz schadet, z. B. indem ein Wirt schlecht über ein anderes Restaurant oder Hotel spricht
20.039

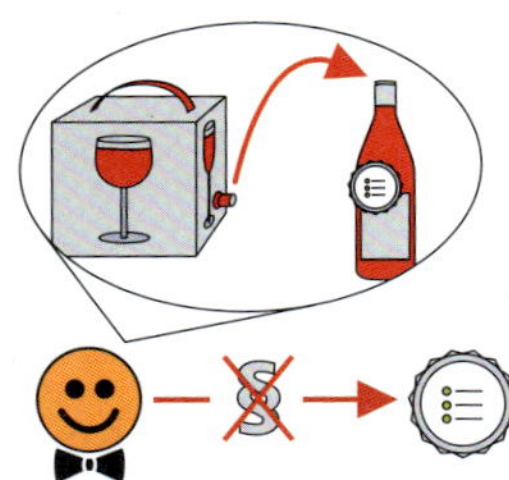

unrechtmäßige Verwendung
un·recht·mä·ßi·ge Ver·wen·dung
hier: das verbotene Benutzen eines falschen **Zertifikats** dafür, dass ein Produkt besonders gut ist, obwohl das gar nicht stimmt; z. B. ein **Qualitätssiegel** auf eine Flasche kleben, in der billiger Wein ist
20.040

Quellenverzeichnis

Cover: © Getty Images/iStock/simarik

Fotos Innenteil (jeweils von links nach rechts und oben nach unten):
S. 1: © Getty Images/iStock/simarik
S. 5: © Getty Images/iStock/bhofack2
S. 6: © SARANYU - stock.adobe.com
S. 55: © tunedin - stock.adobe.com, © Getty Images/iStock/gpointstudio, © Getty Images/iStock/Richard Villalon-undefined undefined, © Getty Images/iStock/serezniy, © magdal3na - stock.adobe.com, © conejota - stock.adobe.com
S. 56: © Getty Images/iStock/RichardMandsPhotography, © cozykyoto - stock.adobe.com, © No-Te - stock.adobe.com, © Getty Images/iStock/fermate, © Getty Images/iStock/Amarita, © Getty Images/iStock/Vaivirga
S. 57: © Thinkstock/iStock/Vima, © Getty Images/iStock/vinicef, © Getty Images/iStock/bhofack2, © Getty Images/iStock/peangdao, © Getty Images/iStock/AlexRaths, © Getty Images/iStock/Louno_M
S. 60: © Getty Images/iStock/Stanislav Sablin, © Getty Images/iStock/Ainatc, © Getty Images/iStock/Qwart, © naito8 - stock.adobe.com, © Getty Images/iStock/kwasny221, © Getty Images/iStock/pilipphoto
S. 61: © Getty Images/iStock/KeremYucel, © Getty Images/iStock/JanHerodes, © Getty Images/iStock/SutidaS, © Silvia Bogdanski - stock.adobe.com, © kungverylucky - stock.adobe.com, © Getty Images/iStock/republica
S. 62: © Getty Images/iStock/PJPhoto69, © Getty Images/iStock/Catto32, © Getty Images/iStock/SLAVYNKA, © Getty Images/iStock/Kondor83, © Getty Images/iStock/fotek, © Getty Images/iStock/Goja1
S. 63: © poravute - stock.adobe.com, © Thinkstock/iStock/dpullman, © Getty Images/iStock/AnaMOMarques, © Getty Images/iStock/septemberlegs, © Getty Images/iStock/ozina, © Getty Images/iStock/cocorattanakorn
S. 64: © julialototskaya - stock.adobe.com, © Getty Images/iStock/PicturePartners, © Getty Images/iStock/Gulcin Ragiboglu, © Thinkstock/iStock/anakopa, © Getty Images/iStock/a_namenko
S. 65: © SARANYU - stock.adobe.com, © Getty Images/iStock/litota, © DenisProduction.com - stock.adobe.com, © Getty Images/iStock/O_Lypa, © Thinkstock/iStock/Kondor83, © Getty Images/iStock/Amy_Lv
S. 66: © sewcream - stock.adobe.com, © familylifestyle - stock.adobe.com, © Getty Images/iStock/Kondor83, © Getty Images/iStock/serezniy, © Getty Images/iStock/Fudio, © Getty Images/iStock/MarianVejcik
S. 67: © Getty Images/iStock/Dmitrii Ivanov, © Getty Images/iStock/Magone, © Getty Images/iStock/kckate16, © Getty Images/iStock/Thomas Francois, © Getty Images/iStock/marcomayer, © Lukas Gojda - stock.adobe.com
S. 68: © Getty Images/iStock/Arijuhani, © Getty Images/iStock/v_zaitsev, © Getty Images/iStock/Prarinya Thonghyad, © Getty Images/iStock/MarianVejcik, © Getty Images/iStock/BulentUnsal, © Africa Studio - stock.adobe.com

S. 69: © Getty Images/iStock/Radist, © Getty Images/iStock/hlphoto, © Getty Images/iStock/kazoka30, © Getty Images/iStock/Bratislav Stefanovic, © Getty Images/iStock/leszekglasner, © Getty Images/iStock/jdwfoto
S. 70: © Getty Images/iStock/geyzer, © shaiith - stock.adobe.com, © Getty Images/iStock/dashtik, © Alp Aksoy - stock.adobe.com, © Getty Images/iStock/Andreas Steidlinger, © Getty Images/iStock/David-Shih
S. 71: © DenisProduction.com -stock.adobe.com, © Can Stock Photo/buriy, © Getty Images/iStock/SandraMatic, © Getty Images/iStock/RossHelen, © Getty Images/iStock/tornado98, © Getty Images/iStock/J-Roman
S. 72: © Getty Images/iStock/yipengge, © Andrey - stock.adobe.com, © Getty Images/iStock/Max2611, © Getty Images/iStock/junce, © Getty Images/iStock/Naked King, © Getty Images/iStock/Naked King
S. 73: © Getty Images/iStock/golubovy, © Getty Images/iStock/pilipphoto, © Getty Images/iStock/firina, © Getty Images/iStock/marcinm111, © la_vanda - stock.adobe.com, © Getty Images/iStock/Elena_Danileiko
S. 74: © Getty Images/iStock/gbh007, © Getty Images/iStock/kornyeyeva, © Getty Images/iStock/HHLtDave5, © Getty Images/iStock/Mateusz Gzik, © juniart - stock.adobe.com, © Getty Images/iStock/NataBene
S. 76: © Getty Images/iStock/Magone, © Getty Images/iStock/Dar1930, © Getty Images/iStock/ValentynVolkov, © Getty Images/iStock/kitzcorner, © Getty Images/iStock/Qwart, © Getty Images/iStock/librakv
S. 77: © Getty Images/iStock/sufiyan huseen, © Thinkstock/Monkey Business Images, © Getty Images/iStock/CandyBoxImages, © Getty Images/iStock/Mikhail Artamonov, © Getty Images/iStock/irisconcept, © FOOD-pictures - stock.adobe.com
S. 78: © Getty Images/iStock/AndreyPopov, © FOOD-pictures - stock.adobe.com, © lulu - stock.adobe.com, © Павел Кочубеев - stock.adobe.com, © New Africa - stock.adobe.com, © Getty Images/iStock/Creative_Tatsiana
S. 79: © Getty Images/iStock/Rebecca_Skilling, © Getty Images/iStock/Eskemar, © Getty Images/iStock/simarik, © FOOD-pictures - stock.adobe.com, © Getty Images/iStock/frantic00, © Getty Images/iStock/Pe3check
S. 83: © Getty Images/iStock/Voisine, © Getty Images/iStock/MariusLtu, © Getty Images/iStock/Eva B, © Getty Images/iStock/pmmart, © Getty Images/iStock/Oleksandr Sokurenko, © Getty Images/iStock/ronstik
S. 84: © Getty Images/iStock/eag1e, © Esther Hildebrandt - stock.adobe.com, © Getty Images/iStock/SweetBabee-Jay, © Isaxar - stock.adobe.com, © gangiskhan - stock.adobe.com, © Sergey Ryzhov - stock.adobe.com
S. 85: © Grigory Bruev - stock.adobe.com, © Getty Images/iStock/OlafSpeier, © Getty Images/iStock/OlafSpeier, © Getty Images/iStock/kosmos111, © Andrey Cherkasov - stock.adobe.com, © Getty Images/iStock/serebryannikov
S. 89: © Getty Images/iStock/RusN, © Getty Images/iStock/Epitavi, © Getty Images/iStock/vikif, © Getty Images/iStock/fotocelia, © Getty Images/iStock/Hajakely
S. 91: © Getty Images/iStock/Brzozowska, © Getty Images/iStock/Volodymyr Zakharov, © Getty Images/iStock/SIAATH, © Getty Images/iStock/Petardj, © Getty Images/iStock/vicnt, © Getty Images/iStock/AndreyPopov
S. 92: © Getty Images/iStock/BeSilvestre, © Getty Images/iStock/Alice Wanwarameth, © ChiccoDodiFC - stock.adobe.com, © Getty Images/iStock/Romi Georgiadis, © Getty Images/iStock/victorass88, © Getty Images/iStock/ronstik
S. 93: © Getty Images/iStock/rilueda, © liberowolf - stock.adobe.com, © Getty Images/iStock/maximkabb, © Getty Images/iStock/Vovchyn Taras, © Getty Images/iStock/Prostock-Studio, © Getty Images/iStock/andreveen
S. 101: © alex9500 - stock.adobe.com, © Getty Images/iStock/Elena_Danileiko, © Getty Images/iStock/Pollyana Ventura, © Oleg Breslavtsev - stock.adobe.com, © Getty Images/iStock/Lesyy, © Getty Images/iStock/Derkien
S. 102: © Getty Images/iStock/AlSimonov, © Getty Images/iStock/La_vanda, © HLPhoto - stock.adobe.com, © Getty Images/iStock/barmalini, © Getty Images/iStock/BookyBuggy, © Getty Images/iStock/riccardo bianchi2
S. 104: © Getty Images/iStock/Nachteule, © Getty Images/iStock/NoirChocolate, © Jenifoto - stock.adobe.com, © Getty Images/iStock/Nataly Hanin, © Olivka888 - stock.adobe.com, © Getty Images/iStock/iko636
S. 117: © ramoncin1978 - stock.adobe.com, © Eugene Put - stock.adobe.com, © zhangyang135769 - stock.adobe.com, © Octavian - stock.adobe.com, © FOOD-micro - stock.adobe.com, © Getty Images/iStock/IL21
S. 132: Bio-Siegel © Bundesministerium für Ernährung und Landwirtschaft (BMEL), EU-Bio-Logo © European Union, 2018

Illustrationen: Anja Wesner, München

Bildredaktion: Cornelia Hellenschmidt, Hueber Verlag, München

Inhalt der MP3-Dateien zum Buch:

Sprecherin: Verena Rendtorff

Produktion: Scheune München mediaproduction GmbH, 80797 München, Deutschland